»Nun ruhet in den Wäldern …«

Neue Beiträge der Paul-Gerhardt-Gesellschaft | 2

Konrad Klek (Hrsg.)

»Nun ruhet in den Wäldern ...«

Paul Gerhardts Liedtexte im
Fluss der Rezeptionsgeschichte

EVANGELISCHE VERLAGSANSTALT
Leipzig

Die Deutsche Nationalbibliothek verzeichnet diese Publikation in der
Deutschen Nationalbibliographie; detaillierte bibliographische Daten
sind im Internet über http://dnb.dnb.de abrufbar.

© 2025 by Evangelische Verlagsanstalt GmbH · Blumenstr. 76 · 04155 Leipzig
Printed in Germany

Der Verlag behält sich die Verwertung des urheberrechtlich geschützten Inhalts
dieses Werkes für Zwecke des Text- und Data-Minings nach § 44b UrhG ausdrücklich
vor. Jegliche unbefugte Nutzung ist hiermit ausgeschlossen.

Das Buch wurde auf alterungsbeständigem Papier gedruckt.

Bei Fragen zur Produktsicherheit wenden Sie sich bitte an info@eva-leipzig.de.

Cover: makena plangrafik, Leipzig/Zwenkau
Coverbild: Paul-Gerhardt-Denkmal, Lübben
Satz und Gestaltung: Steffi Glauche, Leipzig
Druck und Binden: BELTZ Grafische Betriebe GmbH, Bad Langensalza

ISBN 978-3-374-07795-3 // eISBN (PDF) 978-3-374-07796-0
www.eva-leipzig.de

Vorwort

Dieser Band versammelt die Beiträge zur Jahrestagung der Paul-Gerhardt-Gesellschaft vom 12. bis 14. Mai 2023 in Celle unter dem Motto »Paul Gerhardt – im Fluss«. Im Horizont der derzeitigen Arbeiten an einem neuen Gesangbuch in der Evangelischen Kirche in Deutschland (EKD) galt es zu beleuchten, wie in der Vergangenheit Paul Gerhardts Liedtexte sich »verflüssigten« bei ihrer Aufnahme in kirchliche Gesangbücher. Anders als sonstige Poesie großer Dichter werden geistliche Gedichte als Kirchenlieder ja zu Gebrauchstexten. Schon die Auswahl bestimmter Gedichte für ein Gesangbuch ist ein Selektionsprozess, sodann werden einzelne Strophen des Originals gestrichen, schließlich erfolgen Textmodifikationen.

Die Beiträge setzen ein mit den Ausführungen von Jonas Milde zum ersten Berliner Gesangbuch in der Nachfolge der von Johann Crüger begründeten Reihe der Praxis Pietatis Melica-Editionen, dem sogenannten Porstschen Gesangbuch ab 1709. Die besonders krasse Praxis gravierender Texteingriffe und -streichungen in der Aufklärungszeit beleuchtet Bernhard Leube – mit einem Exkurs zu analogen Unternehmungen der Deutschen Christen. Bernhardt Schmidt lenkt den Blick auf das sogenannte Schleiermacher-Gesangbuch von 1829 und auf die erhaltenen Liedblätter aus den Gottesdiensten des großen Berliner Theologen zwischen Aufklärung und Restauration. Konrad Klek stellt aus der restaurativen Bewegung des 19. Jahrhunderts erste Werkausgaben und private Gesangbucheditionen vor, ehe mit den Eisenacher Kernliedern von 1854 eine bis heute wirksame gesamtkirchliche Steuerungsmaßnahme zustande kommt. Die eigener Logik folgende katholische Gerhardt-Rezeption wird vorgestellt von Ansgar Franz und Christiane Schäfer.

Die aktuellen Fragestellungen nach »Gerechter Sprache« hat Beate Besser an die Gerhardt-Lieder gerichtet. Der Beitrag von Jutta Koslowski mit Würdigung wie theologischer Infragestellung von Gerhardts Liedern, von den Tagungsteilnehmern (wie auch Bessers Ausführungen) höchst engagiert und kritisch diskutiert, beschließt diesen Band und macht deutlich, dass um Gerhardts Lieder, ihre Sprache und ihren Inhalt stets neu zu ringen ist. Der in den Texten hier bisweilen klar erkennbare, persönliche Vortragsstil ist bewusst beibehalten, um so auch die Aktualität der Fragestellungen in persönlicher Auseinandersetzung durchscheinen zu lassen.

Das Ende der Tagung markierte eine Podiumsdiskussion zwischen Mitgliedern der EKD-Gesangbuchkommission und des Vorstandes der Paul-Gerhardt-Gesellschaft, was hier nicht dokumentiert werden kann. Eine Folge davon war, dass seitens der Gesellschaft für jedes Gerhardt-Lied im bisherigen Gesangbuch ein Kurzplädoyer für die Übernahme auch ins neue Gesangbuch formuliert und bei der Gesangbuchkommission der EKD eingereicht wurde.

Die Fragenkomplexe der philologisch arbeitenden Wissenschaft, wie sie sich namentlich bei der Erarbeitung von Gesamtausgaben ergeben – etwa die Gewichtung der abweichenden Textfassungen in den Erstausgaben bei Crüger (1647–1661), Ebeling (1666/67) oder dann Feustking (1707) – wurden bei der Tagung nicht thematisiert. Dies gehört in den Kontext der derzeit in Hamburg in Erarbeitung befindlichen historisch-kritischen Gesamtausgabe der Werke Gerhardts.

Die Titelzeile dieses Bandes bedarf der Erklärung vorab: Für rationalistische Gesangbuchredaktoren war Gerhardts Abendlied *Nun ruhen alle Wälder*, seit seiner Erstveröffentlichung in der Praxis Pietatis Melica schon im Jahre 1647 zusammen mit dem Pendant des Morgenlieds *Wach auf, mein Herz und singe* das wohl am schnellsten und weitesten verbreitete Gerhardt-Lied, ein Paradefall des »No go«: *Nun ruhen alle Wälder, / Vieh, Menschen, Städt und Felder, / es schläft die ganze Welt.* Wälder schlafen nicht, Städte und Felder auch nicht, und erst recht nicht die ganze Welt, wenn man die andere Seite der Erdkugel im Blick behält. Also heißt es wirklichkeitsgetreu eingeebnet, aber sogar ein bisschen poetisch ambitioniert noch im Berliner Schleiermacher-Gesangbuch ab 1829 (Nr. 819): *Nun ruhet in den Wäldern, / in Städten und auf Feldern / sanft schlummernd, was da lebt* …

Auch im Blick auf die Anfragen Jutta Koslowskis im letzten Beitrag dieses Bandes ist wieder neu zu diskutieren, wie Sprache Wahrheit artikuliert gerade darin, dass sie nicht nur Wirklichkeit abbildet.

Konrad Klek
Universitätsmusikdirektor Prof. Dr. Konrad Klek
Präsident der Paul-Gerhardt-Gesellschaft

Inhalt

Jonas Milde
Das Porst'sche Gesangbuch und die Gerhardt'schen Lieder 11
Eine Berliner Beziehungsgeschichte

Bernhard Leube
Paul Gerhardt verstehen 39
Über Versuche in der Aufklärungszeit, den barocken
Liederdichter verständlicher zu machen

Bernhardt Schmidt
**Das Schicksal der Paul-Gerhardt-Lieder auf Schleiermachers
Liedblättern und im Berliner Gesangbuch 1829** 68

Konrad Klek
»Gebt uns unsern Paul Gerhardt wieder« 103
Zur Restauration der Liedtexte im 19. und 20. Jahrhundert

Ansgar Franz und Christiane Schäfer
**»Ein Lied ist deshalb noch nicht protestantisch, weil es
von einem evangelischen Dichter stammt«** 124
Die Lieder Paul Gerhardts in den katholischen Gesangbüchern

Beate Besser
**Paul Gerhardts Lieder aus der Perspektive
der Gerechten Sprache** 152
Problemanzeige und Lösungsvorschlag

Jutta Koslowski
… gibt Wege, Lauf und Bahn? **166**
Nachdenken über Paul Gerhardts Gottesbild

Verzeichnis der Autorinnen und Autoren **178**

Das Porst'sche Gesangbuch und die Gerhardt'schen Lieder
Eine Berliner Beziehungsgeschichte

Jonas Milde

Wir schreiben das Jahr 1668. Der vormalige Berliner Pfarrer Paul Gerhardt, derweil Inhaber der zweiten Diakonenstelle an St. Nikolai, wird – nach seiner kurfürstlich-brandenburgischen Entlassung vom 7. Februar des Vorjahres – im kursächsischen Lübben in das dort frei gewordene Archidiakonat berufen. Seiner Berliner Gemeinde hinterlässt Gerhardt vor allem seine Lieder. Sie werden bleiben – aber wie?

Im selben Jahr 1668 wird, etwa 300 Kilometer südlich von Berlin, in der fränkischen Ortschaft Oberkotzau, der Brauersohn Johann Porst geboren – später Propst von Berlin an eben jener Nikolaikirche, an der auch Gerhardt amtiert hatte.[1] Doch das sollte noch 45 Jahre dauern. Bis zum Tod des Liederdichters 1676 waren die beiden Theologen lediglich knapp 7 ½ Jahre Zeitgenossen im engeren Sinne. Obgleich sie sich nie persönlich begegnet sind, stehen sie doch in einer Beziehungsgeschichte zueinander. Als Pfarrer an derselben Berliner Nikolaikirche tätig, schuf der Ältere »geistliche und liebliche Lieder«, die der Jüngere hochschätzte und rezipierte, und die in einem mit Porsts Namen verbundenen Gesangbuch über zwei Jahrhunderte eine breite Wirkung entfalten sollten.

Die folgenden Ausführungen wollen verschiedene Aspekte dieser Beziehungsgeschichte zwischen Johann Porst, dem nach ihm benannten Gesangbuch und den Dichtungen Paul Gerhardts unter die Lupe nehmen.[2]

---

[1] Zu Porst vgl. den bislang umfassendsten Beitrag von Lothar Noack/Jürgen Splett, Art. Porst, Johann, in: dies., Bio-Bibliographien. Brandenburgische Gelehrte der Frühen Neuzeit. [Bd. 2:] Berlin-Cölln 1688–1713, Berlin 2000, 332–357.

[2] Die Ausführungen basieren im Wesentlichen auf meiner Promotionsschrift.

Dazu steht eine Kurzcharakterisierung des sogenannten Porst'schen Gesangbuchs voran (1.), gefolgt von einer Einstiegsfrage nach der Gerhardt-Rezeption in den literarischen Arbeiten Johann Porsts (2.). Die Abschnitte 3. bis 5. betrachten die Aufnahme Gerhardt'scher Lieder in verschiedene Ausgaben des ›Porst‹, wie das Gesangbuch landläufig genannt wurde; Abschnitt 6. zeichnet die geographische Verbreitung dieses Gesangbuchs nach und damit auch die der in ihm enthaltenen Lieder Paul Gerhardts.

1. Das Porst'sche Gesangbuch – eine Skizze

Das zwischen 1709 und 1908 gedruckte Porst'sche Gesangbuch war das langlebigste Gesangbuch Preußens. Mit hunderttausenden Exemplaren, bestimmt für Millionen evangelischer Christenmenschen, gehört dieses Buch zu den am meisten verbreiteten Gesangbuchdrucken des deutschen Sprachraums überhaupt. Entstanden war diese stets ohne Noten gedruckte Lied- und Gebetsammlung unter dem Einfluss des lutherischen Pietismus, zunächst bestimmt für die Gemeinden Berlins,[3] also auch für die vormalige Kirche Gerhardts. Doch das bei vielen beliebte Buch wurde mit der Zeit auch in zahlreichen Gemeinden außerhalb Berlins verwendet und brachte so an hunderte Orte auch die Lieder Paul Gerhardts.[4] Vermittelt über das sogenannte Schlechtiger-Gesangbuch von 1704[5] steht der Porst in direkter

---

über das Porst'sche Gesangbuch, die derzeit an der Theologischen Fakultät der HU Berlin entsteht. Vgl. dazu Jonas Milde, Das Porst'sche Gesangbuch, 1709–1908 [Vorstellung akademischer hymnologischer Projekte], in: JLH 61 (2022), 200f.

[3] Dies zeigt sich etwa am Titel der ersten Auflage: Mit »diesen Städten« (s. u.) waren Berlin und Cölln an der Spree gemeint, die im Jahr der ersten Porst-Ausgabe 1709 kommunal vereinigt wurden.

[4] Zur Verbreitung s. u. Abschnitt 6.

[5] *Geistreiches Gesang-Buch / Bestehend Jn 844. Alten und Neuen Liedern / Nebst einem Aus des sel. Johan Arndts gezogenen Gebeth-Buche / GOtt zum Preiße und Dem Menschen zum Nutz Jn Diese Form gebracht. BERLJN / Aufm Fride-*

Kontinuität zur Praxis-Pietatis-Melica-Tradition Berlins,[6] nimmt reichlich lutherisches Traditionsgut auf und paart selbiges mit zeitgenössischen Dichtungen pietistischer Couleur aus spätem 17. und frühem 18. Jahrhundert.

Bereits der eigentliche Titel des Porst'schen Gesangbuchs in dessen erster Ausgabe von 1709 zeigt, dass Paul Gerhardt bzw. seine Lieder für dieses Buch eine konstitutive Funktion haben:

Geistliche und Liebliche Lieder / Welche Der Geist des Glaubens durch D. Martin Luthern / Johann Hermann / Paul Gerhard / und andere seine Werckzeuge in den vorigen und itzigen Zeiten gedichtet / Und bisher in diesen Städten bekannt worden / Mit Fleiß zusammen gelesen / und in dieser bequemen Form zum Druck befördert. Nebst Einigen Gebethen. BERLJN / Aufm Friederichswerder gedruckt durch Gotth. Schlechtigern / 1709. Zu finden bey Josua David Schatz / Buchbindern an der langen Brücken.[7]

Von dieser ersten Auflage bis zur letzten von 1908[8] findet sich Gerhardt neben und nach Martin Luther und Johann Heermann als drittes nament-

---

richswerder gedruckt durch Gotth. Schlechtigern/Kön. priv. Buchdr. 1704. – Das einzige bibliographisch verzeichnete Exemplar findet sich in der Forschungsbibliothek Gotha, Sign.: Cant.spir 8° 00593. (Der Eintrag in VD17 oder VD18 wird im Folgenden angegeben, sofern vorliegend.)

[6] Vgl. hierzu die von Hans-Otto Korth und Wolfgang Miersemann besorgte Edition: Johann Crüger, Praxis Pietatis Melica. Edition und Dokumentation der Werkgeschichte, hg. im Auftrag der Franckeschen Stiftungen zu Halle, Halle 2014 ff.; übersichtlich dabei insb. Bd. II/2: Tabellarische Übersicht über die Entwicklung des Liedbestands, Halle 2016.

[7] Von diesem Druck sind zwei Exemplare bibliographisch erfasst: einer in der Württembergischen Landesbibliothek Stuttgart, Sign.: Theol.oct.10713, der andere in der Bibliothek der Franckeschen Stiftungen Halle, Sign.: 44 F 10.

[8] *Geistliche und liebliche Lieder, welche der Geist des Glaubens durch D. Martin Luther, Johann Heermann, Paul Gerhardt und andere seine Werkzeuge in den vorigen und jetzigen Zeiten gedichtet, und die bisher in Kirchen und Schulen der Königl. Preuß. und Kurfl. Brandenb. Lande bekannt und mit Kö-*

lich genanntes »Werkzeug« Gottes auf jedem Porst'schen Titelblatt. Wenngleich diese Namenszusammenstellung keineswegs originell ist,[9] zählt der Titel Gerhardts Lieder unstrittig zum Kern des Gesangbuchs, das nicht nur für den öffentlichen Gottesdienst, sondern daneben auch für die häusliche und private Erbauung bestimmt war. Weder in der Kirche noch in den Haushalten noch in der Schule[10] sollte Gerhardt nach Auffassung des Gesangbuchherausgebers fehlen – ein Befund, der sich exemplarisch auch an den Erbauungsschriften dessen ermitteln lässt, von dem die *Geistlichen und lieblichen Lieder* ihren populären Namen übernahmen: dem damaligen Berliner Propst und späteren Konsistorialrat Johann Porst.

2. Die Gerhardt-Rezeption Johann Porsts (1668–1728)

Der Theologe Johann Porst war, nachdem er während seines Leipziger Theologiestudiums und durch andere Kontakte in jungen Jahren zum lutherischen Pietisten Spenerscher und Franckescher Prägung gereift war, erstmals 1695 nach Berlin gekommen – als Begleiter seines fränkischen Landsmannes Johann Astmann (1660–1699), der wie einst Gerhardt auf eine Diakonenstelle an St. Nikolai berufen worden war. Porst selbst ge-

---

    nigl. Allergnädigst. Approbation und Freiheit gedruckt und eingeführt worden, nebst einigen Gebeten Von Johann Porst, weil. Königl. Preußischem Consistorial-Rate, Probste und Inspector in Berlin. Verbessert und vermehrt. Berlin. Jonas Verlagsbuchhandlung. 1908. – Herzogin-Anna-Amalia-Bibliothek Weimar, Sign.: B 3028.

[9] Neben den Berliner Gesangbüchern, die Gerhardt im Titel erwähnen, vgl. in der Kombination mit Luther und Heermann bspw.: *Vollständiges Gesangbuch. In welchem Nicht allein D. Martini Lutheri/Philippi Nicolai/Johann. Riste[n]/ Joh. Heerm. Paul. Gerh. und anderer geistreiche Männer* […], Hamburg/Ratzeburg 1677. – Herzog-August-Bibliothek Wolfenbüttel, Sign.: H: Yv 1279.8° Helmst. (VD17 23:332179B).

[10] Auf die grundlegende Bedeutung des Gesangbuchs für den Schulunterricht kann in dieser Studie nur am Rande eingegangen werden; s. u. Abschnitt 4.

langte drei Jahre später, 1698, in ein erstes Pfarramt, und zwar in dem bei Berlin gelegenen Dorf Malchow. 1704 kehrte er von dort nach Berlin zurück, da er eine der zwei lutherischen Pfarrstellen an der Dorotheenstädtischen und der Friedrichswerderschen Kirche angetragen bekam. Im Jahr 1709 wurde Porst Beichtvater der aus Mecklenburg stammenden, darum lutherischen Königin Sophie Luise; 1713 folgte die Ernennung zum Propst an St. Nikolai und damit zum ranghöchsten lutherischen Geistlichen der Stadt. Als solcher verfasste er im selben Jahr ein Vorwort für die zweite Auflage der *Geistlichen und lieblichen Lieder*.[11]

Unabhängig von der Frage, ob er über diese Vorrede hinaus Einfluss auf das Repertoire des später nach ihm benannten Gesangbuchs genommen hat, lässt sich Porsts Gerhardt-Rezeption abseits der *Geistlichen und lieblichen Lieder* nachzeichnen – was womöglich den Zusammenhang zwischen ihm selbst und dem nach ihm benannten Buch beleuchten helfen kann.[12]

Im Jahr 1727 erschienen unter dem Titel *Theologia Homiletica in Exemplis* 15 Predigten des Propstes, die dieser in einem Zeitraum von über zwanzig Jahren zu verschiedenen Anlässen gehalten hatte.[13] Die knapp 850 zur privaten Erbauung bestimmten und wie die meisten Druckschriften Porsts in der Halleschen Waisenhausdruckerei verlegten Quartseiten verraten einiges über den Berliner Liedgebrauch ungefähr ein halbes Jahrhundert, nachdem Paul Gerhardt die brandenburgische Residenzstadt verlassen hatte. Unter den im gottesdienstlichen Kontext gesungenen Liedern, die Porst im Rahmen seiner Predigten erwähnt, ist

---

[11] Vgl. das einzige bibliographisch verzeichnete Exemplar dieses Drucks in der Staatsbibliothek Berlin, Sign.: Slg Wernigerode Hb 2107.

[12] Es ist hier nicht möglich, alle literarischen Werke Porsts zu analysieren. Herausgegriffen seien darum drei umfangreiche Predigt- bzw. Erbauungsbände.

[13] Johann Porst, Theologia Homiletica in Exemplis, Oder Besondere Predigten, Bey verschiedenen Gelegenheiten, an unterschiedlichen Orten und Zeiten gehalten, welche vormals eintzeln ans Licht gegeben, nunmehr aber zusammen gedruckt Und Mit nöthigen Registern versehen, Halle 1727 (VD18 10170995; im Folgenden: ThHE); ²1735 (VD18 10425357).

zwar keine Dichtung Gerhardts auszumachen. Allerdings zitiert Porst darüber hinaus in den Predigten kürzere oder längere Textpassagen aus mehr als 20 Liedern, worunter sich auch drei Gerhardt-Dichtungen finden: *Fröhlich soll mein Herze springen*,[14] *O Haupt voll Blut und Wunden*[15] und *Ist Gott für mich, so trete*[16]. Mehr Gesänge wurden in dieser 1735 noch einmal nachgedruckten Predigtsammlung nur von Luther geboten, die übrigen stammen mehrheitlich von Vertretern des späten 16. und des frühen 17. Jahrhunderts.

Blieb Johann Porst bei seinen in Auswahl herausgegeben Sonn- und Festtagspredigten nahezu ausnahmslos beim mittlerweile klassischen Repertoire des deutschsprachigen Luthertums, geschieht die Liedrezeption in seinen Erbauungsschriften auf wesentlich breiterer Basis. Auch die Gerhardt-Rezeption ist hier um ein Vielfaches größer, wie sich an Porsts Schriften *Theologia Viatorum Practica, Oder Die Göttliche Führung Der Seelen Auf dem Wege zur seligen Ewigkeit*[17] und *Theologia Practica Regenitorum, Oder Wachsthum der Wiedergebornen*[18] zeigen lässt. Zusammen

---

[14] Vgl. Porst, ThHE, 753 (Str. 8); 755 (Str. 9-11). – Die Schreibung von Liedtiteln erfolgt hier und im Folgenden nach moderner Orthographie.

[15] Vgl. Porst, ThHE, 394 (Beginn Str. 9); 413 (Str. 8).

[16] Vgl. Porst, ThHE, 40 (Str. 10). Hierbei handelt es sich um Porsts Predigt zum Reformationsjubiläum 1717. Vgl. dazu Jonas Milde, »Wie hoch und herrlich hat auch GOtt inzwischen sein Berlinisches Zion gemachet«. Das Reformationsjubiläum 1717 an der Spree, in: JBBKG 73 (2021), 167–193, 181.

[17] Johann Porst, Theologia Viatorum Practica, Oder Die Göttliche Führung Der Seelen Auf dem Wege zur seligen Ewigkeit: Darinnen gezeiget, Wie der Mensch in der Sicherheit hingehet, daraus aufgewecket, vielfältig versuchet, in die Busse geleitet, und im Glauben zum Genuß aller Gnaden- und Heyls-Güter gebracht wird, Halle 1722 (V18 11217804); ²1725; ³1732 (VD18 10370390); im Folgenden: ThVP); ⁴1740; ⁵1755 (VD18 1326011).

[18] Ders., Theologia Practica Regenitorum, Oder Wachsthum der Wiedergebornen, Da gezeiget wird, Wie sie aus einem Alter in CHristo ins andere fortgehen, aus Kindern Jünglinge und Väter, und endlich zur seligen Ewigkeit vollendet werden, Halle 1723; ²1730 (VD18 11439033); ³1734 (VD18 1143905X); ⁴1743 (VD18 13260103).

bilden diese beiden Bände ein Doppelwerk, dessen Teile mehrfach aufgelegt und aus dem obendrein ein Kompendium herausgegeben wurde.[19] Die Verbreitung dieser Erbauungstraktate war also nicht eben gering und erreichte etwa über die Dänisch-Hallesche Mission auch außereuropäische Gebiete.[20]

Innerhalb des ersten Teils werden über 60 Lieder zitiert, einige davon wiederum mehrfach. Die meisten, aber nicht alle finden sich auch im Porst'schen Gesangbuch. Die ältesten unter ihnen entstammen der Reformationszeit, die jüngsten wurden von Porsts Zeitgenossen gedichtet – etwa von Joachim Justus Breithaupt (1658–1732) und Gottfried Arnold (1666–1714). Mit großem Abstand quantitativ am stärksten vertreten sind hier die Dichtungen Paul Gerhardts – aus mindestens 14 seiner Lieder werden in der *Theologia Viatorum Practica* einzelne Zeilen oder ganze Strophen aufgegriffen:

- *Auf, auf, mein Herz, mit Freuden*[21]
- *Befiehl du deine Wege*[22]
- *Ein Lämmlein geht und trägt die Schuld*[23]

---

[19] Ders., Compendium Theologiae Viatorum & Regenitorum Practicae, oder Die Göttliche Führung der Seelen, und Wachstum der Gläubigen, in einem kurtzen Auszug vorgestellet, Darinnen gezeiget wird, wie der Sünder aus der Sicherheit aufgewecket, in die Busse geleitet, zum Glauben und Genuß aller Göttlichen Gnaden-Schätze gebracht, aus einem Alter in Christo in das andere fortgehet, geläutert und zur Seligkeit vollendet wird, Halle 1723 (VD18 11217782); ²1730 (VD18 11439033); ³1740 (VD18 11580976). Vgl. auch den Nachdruck des Evangelischen Bücher-Vereins (Hg.), Johann Porst's Göttliche Führung der Seelen und Wachsthum der Gläubigen, Berlin 1871.

[20] Vgl. Hermann Wellenreuther, Heinrich Melchior Mühlenberg und die deutschen Lutheraner in Nordamerika, 1742–1787. Wissenstransfer und Wandel eines atlantischen zu einem amerikanischen Netzwerk (Atlantic Cultural Studies 10), Berlin/Münster 2013, 576.

[21] Vgl. Porst, ThVP, 1237 (zweite Hälfte Str. 9); 1407 (Str. 5); s. dazu Porst 1709 (s. bei Anm. 7): Nr. 118; ab Porst 1723 (s. u. Anm. 50): Nr. 131.

[22] Vgl. Porst, ThVP, 1292 (Str. 11); s. dazu Porst 1709: Nr. 327; ab 1723: Nr. 353.

[23] Vgl. Porst, ThVP, 1295 (zweite Hälfte Str. 2 und erste Hälfte Str. 3); Textände-

- *Fröhlich soll mein Herze springen*[24]
- *Ich hab in Gottes Herz und Sinn*[25]
- *Ist Gott für mich, so trete*[26]
- *Nicht so traurig, nicht so sehr*[27]
- *O Jesu Christ, dein Kripplein ist*[28]
- *O Jesu Christ, mein schönstes Licht*[29]
- *O Welt, sieh hier dein Leben*[30]
- *Schwing dich auf zu deinem Gott*[31]

---

rung *Sünder* statt *Kinder*; s. dazu Porst 1709: Nr. 72; ab 1723: Nr. 78. Zur weiteren Rezeption vgl. auch Porst, ThVP, 1414 (Str. 3, 4 [teilw.] und 5 [Schluss]); 1452 (Str. 7).

[24] Vgl. Porst, ThVP, 409f. (Str. 9–11 mit Textänderungen *fühlt* statt *findet* [Str. 10]) und *Händ* statt *Hertz* [Str. 11]); 750f. (Str. 6–8); 1054 (Str. 13 und Beginn Str. 14). Im Porst'schen Gesangbuch von 1709 findet sich das Lied unter Nr. 30; seit 1723 unter Nr. 32.

[25] Vgl. Porst, ThVP, 1291 (Str. 9); s. dazu Porst 1709: Nr. 640; ab 1723: Nr. 713.

[26] Vgl. Porst, ThVP, 1555 (Beginn Str. 7 und Beginn Str. 9); s. dazu Porst 1709: Nr. 475; ab 1723: Nr. 527.

[27] Vgl. Porst, ThVP, 1169 (zweite Hälfte Str. 1); s. dazu Porst 1709: Nr. 334; ab 1723: Nr. 361.

[28] Vgl. Porst, ThVP, 749f. (zweite Hälfte Str. 12 sowie Str. 13); s. dazu Porst 1709: Nr. 44; ab 1723: Nr. 48.

[29] Vgl. Porst, ThVP, 756f. (Str. 8–12); s. dazu Porst 1709: Nr. 319; ab 1723: Nr. 345. Textänderungen gegenüber dem Porst'schen Gesangbuch: *und Heil* statt *mein Heil*; *Dir hab ich mich ergeben* statt *wie ich mich dir ergeben*; *nichts denn Galle* statt *nichts als Galle* (Str. 10); *rechte Ruh* statt *beste Ruh* (Str. 11); *O Schönster* statt *Ach Schönster* und *in deiner Liebe* statt *an deiner Liebe* (Str. 12). Das heißt, dass Porst entweder auswendig zitierte oder ihm eine andere Fassung vorlag, die Gerhardts Text getreuer rezipierte; denn die Textfassung des Porst'schen Gesangbuchs weicht hier in allen Fällen vom Original ab und folgt dem Schlechtiger-Gesangbuch von 1704 (s. Anm. 5). Vgl. dasselbe Lied auch in ThVP, 1412 (erste Hälfte Str. 3). – Auf die Textmodifikationen in den verschiedenen Ausgaben des Porst'schen Gesangbuchs kann hier nicht näher eingegangen werden; vgl. ein Beispiel bei Anm. 69f.

[30] Vgl. Porst, ThVP, 587 (Str. 4–7); s. dazu Porst 1709: Nr. 105; ab 1723: Nr. 115.

[31] Vgl. Porst, ThVP, 723 (Str. 4; kleine Textänderung: statt *was* heißt es *gleich*); 1257 (Str. 15–16); s. dazu Porst 1709: Nr. 458; ab 1723: Nr. 507.

- *Sollt' ich meinem Gott nicht singen*[32]
- *Warum sollt' ich mich denn grämen*[33]
- *Zeuch ein zu deinen Toren*[34]

Von dreien dieser Lieder werden Auszüge auch in der *Theologia Practica Regenitorum* aufgenommen;[35] darüber hinaus empfiehlt Porst den Text des Liedes *Schwing dich auf zu deinem Gott* explizit zur Lektüre.[36]

Bei dieser Integration von Gerhardts Liedern in Porsts Erbauungstext handelt es sich weithin um kürzere Zitate einzelner Zeilen, die häufig mit dem Zusatz »u. s. f.« versehen werden, also zu einer fortsetzenden Liedmeditation unter Zuhilfenahme eines Gesangbuchs animieren möchten; teilweise sind aber auch mehrere Strophen komplett abgedruckt. Dabei konnte Porst mit Gerhardts Texten mitunter recht flexibel umgehen, tauschte etwa einzelne Worte durch andere aus. Ob es sich dabei um bewusste Textänderungen handelt oder eher um unabsichtliche Versehen, die Porst beim Abfassen seiner Texte durch auswendiges Zitieren unterliefen, ist nicht zu klären.

Zweifelsohne war Johann Porst, wie auch sein Vor-Vorgänger im Amt des Propstes von Berlin, Philipp Jakob Spener (1635–1705),[37] ein großer

---

[32] Vgl. Porst, ThVP, 1182 (erste Hälfte Str. 8); 1295 (Str. 3). Sinntragende Textveränderungen bei Tempus und Numerus. S. dazu Porst 1709: Nr. 544; ab 1723: Nr. 602.

[33] Vgl. Porst, ThVP, 872 f. (Str. 11–12); s. dazu Porst 1709: Nr. 481; ab 1723: Nr. 533.

[34] Vgl. Porst, ThVP, 1553 (Str. 4); s. dazu Porst 1709: Nr. 219; ab 1723: Nr. 186.

[35] *Auf, auf, mein Herz, mit Freuden* (vgl. Porst, ThRP, 213 [Str. 7]); *O Jesu Christ, mein schönstes Licht* (vgl. ebd., 292 [Str. 4]); *Warum sollt ich mich denn grämen* (vgl. ebd., 357; 565 [jeweils Str. 7 und 8]).

[36] Vgl. Porst, ThRP, 652.

[37] Vgl. dazu Christian Bunners, Paul Gerhardt. Weg – Werk – Wirkung, Göttingen ⁴2007, 225 f.; ders., Paul Gerhardt und der Pietismus. Eine Skizze, in: JGNKG 113 (2015), 143–155, 147–149; ders., Die Gesangbücher von Johann Anastasius Freylinghausen und von Johann Porst: Versuch eines Vergleichs,

Gerhardt-Fan, rezipierte vergleichsweise reichlich dessen dichterisches Werk[38] und trug auf diese Weise zur Verbreitung und zur pietistischen Aktualisierung von Gerhardts Dichtungen bei. Wenn also bereits der theologische Schriftsteller Johann Porst als fleißiger Gerhardt-Rezipient anzusehen ist, ist dieses Phänomen im unter seinem Namen florierenden Gesangbuch noch ungleich umfangreicher.

3. Gerhardts Lieder im Porst'schen Gesangbuch[39]

Auf die Frage, wie viele Lieder Paul Gerhardts im Porst'schen Gesangbuch enthalten sind, bietet die bisherige Forschungsliteratur unterschiedliche Antworten: Christian Bunners hat in seiner Gerhardt-Biographie die Zahl von 71 Gerhardt-Dichtungen im Porst angegeben,[40] Jürgen Henkys stellte demgegenüber in einem Aufsatz aus dem Jahr 2008 die Zahl von 74 Ger-

---

in: Wolfgang Miersemann/Gudrun Busch (Hg.): »Singt dem Herrn nah und fern«. 300 Jahre Freylinghausensches Gesangbuch (Hallesche Forschungen 20), Tübingen 2008, 263–280, 274.

[38] Vgl. exemplarisch Milde, Reformationsjubiläum 1717 (s. Anm. 16), 181, dort bei Anm. 98 (bezogen auf verschiedene Berliner Predigten bei diesem Jubiläum).

[39] Hier können nur die eigenen Dichtungen Gerhardts berücksichtigt werden, nicht solche im Porst abgedruckten Gesänge, die nachweislich von Gerhardt inspiriert sind, also einen mittelbaren Aspekt der Gerhardt-Rezeption darstellen wie etwa die Parodie *Nun wachen alle Wälder* von Johann Ulrich Rieder; vgl. dazu Jürgen Henkys, Paul-Gerhardt-Rezeption und Gesangbuchgeschichte, in: Dorothea Wendebourg (Hg.), Paul Gerhardt – Dichtung, Theologie, Musik. Wissenschaftliche Beiträge zum 400. Geburtstag, Tübingen 2008, 269–284, 275.

[40] Vgl. Bunners, Paul Gerhardt (s. Anm. 37), 226, bezogen auf die Porst-Ausgaben von 1723 bis zur Revision 1855: »Von den 920 Gesängen im Porstschen Gesangbuch stammen 71, also acht Prozent von Gerhardt.« Andernorts spricht Bunners von 67 Gerhardt-Dichtungen bei insgesamt 910 Liedern. Vgl. ders., Paul Gerhardt und der Pietismus (s. Anm. 37), 150.

hardt-Liedern für den revidierten Porst seit 1855 in den Raum. Im vorrevidierten Porst haben sich seiner Meinung nach 67 befunden.[41]

Diese voneinander abweichenden Zahlen, bezogen auf unterschiedliche Porst-Ausgaben, machen deutlich, dass ›Porst‹ nicht gleich ›Porst‹ ist und dass es zur Beantwortung der oben gestellten Frage einer genaueren, chronologisch strukturierten Analyse bedarf, beginnend mit der Erstausgabe der *Geistlichen und lieblichen Lieder* von 1709.

Im Vergleich zu seinem Vorgänger, dem Schlechtiger-Gesangbuch von 1704, war die Gerhardt-Rezeption dieses »Urporsts«[42] wesentlich breiter aufgestellt. Insgesamt finden sich hier 62 Gerhardt-Dichtungen.[43] Vier Jahre nach dieser ersten Ausgabe wurde eine zweite Auflage der *Geistlichen und lieblichen Lieder* hergestellt, wozu der Anfang 1713 zum Propst ernannte Johann Porst nun eine Vorrede beisteuerte, wie es auch sein Amtsvorgänger Spener bei der Praxis-Pietatis-Melica-Ausgabe von 1702 getan hatte.[44] Dieses Gesangbuch von 1713 enthält 71 Gerhardt-Dichtungen; neun sind im Vergleich zur Erstausgabe hinzugenommen worden, acht davon im umgestalteten Hauptteil[45] sowie eine im Anhang,[46] der offenbar erst zusammengestellt worden war, als sich der Hauptteil schon im Druckprozess befand.[47]

---

[41] Vgl. Henkys, Paul-Gerhardt-Rezeption (s. Anm. 39), 283.
[42] Diese Bezeichnung stammt von Konstanze-Mirjam Grutschnig-Kieser, vgl. dies., 1709: Johann Porst: ›Geistliche und Liebliche Lieder‹, in: Mitteldeutsches Jahrbuch für Kultur und Geschichte 16 (2009), 202–204.
[43] S. die Auflistung der Liedtitel im Anhang unter 1).
[44] Diese Vorrede Speners, datiert auf den 16. November 1701, ist auch mit Blick auf die Berliner Gerhardt-Rezeption interessant, da Spener Gerhardt hier als »ein stück des ruhms unserer Stadt Berlin« ehrt. Vgl. Praxis Pietatis Melica, Das ist: Ubung der Gottseligkeit in Christlichen und trostreichen Gesängen […], Berlin 1702, 7.
[45] S. die Auflistung im Anhang unter 2).
[46] S. Anhang unter 3).
[47] Keines dieser neuen Lieder findet sich in den oben vorgestellten Druckschriften Johann Porsts.

Doch mit dieser nun um Vorwort, Anhang und einen umfangreicheren Liedbestand gewachsenen zweiten Auflage war die Entwicklung des Porst'schen Gesangbuchs noch lange nicht abgeschlossen. Nach den bisher im Duodez-Format verlegten Ausgaben entstand im Jahr 1722 die erste Großdruckausgabe der *Geistlichen und lieblichen Lieder*.[48] Hierbei war der Liedbestand um nicht weniger als 286 Lieder reduziert worden; ein krasser Eingriff, von dem auch der Liedanteil Paul Gerhardts betroffen war: 22 Dichtungen, die zuvor im Porst gestanden hatten, waren getilgt worden.[49] Somit enthält diese Grußdruckausgabe des Porst'schen Gesangbuchs gerade einmal 49 Lieder Gerhardts. Der Grund für die Streichungen liegt im Dunkeln; von Erfolg war diese Ausgabe nicht gekrönt. Denn alle späteren Großdruckausgaben orientierten sich strikt an der kleinen Edition, die im folgenden Jahr 1723 entstand mit dem Repertoire, das dann 132 Jahre lang für das Porst'sche Gesangbuch feststehen sollte.[50] Es umfasst 925 Nummern, unter denen sich, wie schon Bunners korrekt erhoben hat, wiederum 71 Lieder Paul Gerhardts finden. Die in der Großdruckausgabe des Vorjahrs ausgeschiedenen Lieder kamen alle-

---

[48] *Geistliche und Liebliche Lieder / Welche Der Geist des Glaubens Durch D. Martin Luthern / Johann Hermann / Paul Gerhard / und andere seine Werckzeuge in den vorigen und jetzigen Zeiten gedichtet / und die bisher in diesen Residentz-Städten bekannt worden; Mit Fleiß zusammen gelesen / und in dieser bequemen Form Mit grober Schrifft das Erste mal zum Druck befördert; Nebst einigen Gebeten / Und einer Vorrede Von Johann Porst / Königl. Preußischen Consistorial-Rath / Probst und Inspectore in Berlin. Mit Königl. Preußis. und Churfl. Brandenb. Privil. BERLIN / Verlegt von Josua David Schatz / Buchbind. an der langen Brücken. Im Jahr Christi 1722.* – Vgl. das einzige bibliographisch erfasste Exemplar dieses Drucks in der Staatsbibliothek Berlin, Sign.: Slg Wernigerode Hb 2109. In dieser Porst-Ausgabe findet sich erstmalig das später für dieses Gesangbuch so charakteristische doppelseitige Frontispiz mit dem preußischen Königspaar und der Stadtsilhouette Berlins.

[49] S. die Auflistung im Anhang unter 4).

[50] *Geistliche und Liebliche Lieder* [...], Berlin 1723. – Hiervon ist ein Exemplar bibliographisch verzeichnet in der Universitätsbibliothek Greifswald, Sign.: 527/FuH 26009.

samt zurück; der Gerhardt-Bestand der zweiten Porst-Auflage von 1713 war wieder hergestellt. Mit diesem Anteil von knapp 7,7 Prozent der Liednummern ist Paul Gerhardt im Porst »der meistvertretene Dichter überhaupt«[51].

4. Gerhardt-Rezeption im Geist der Aufklärung – *Kleines Porstensches Gesangbuch* (1791)

Zur Geschichte des Porst'schen Gesangbuchs – respektive zur Porst'schen Gerhardt-Rezeption – gehört auch eine Liedersammlung, welche vom bis 1855 unangetasteten Repertoire des ‚großen Porst' abweicht. Denn im Jahr 1791 gab der Brandenburger Pfarrer Johann Gotthilf Lorenz (1755–1791)[52] ein *Kleines Porstensches Gesangbuch*[53] heraus, nicht die erste Publikation dieses der Aufklärung verpflichteten Landgeistlichen. Zuvor hatte er mehrere Schriften zur Schul- und Volksbildung sowie

---

[51] Bunners, Paul Gerhardt und der Pietismus (s. Anm. 37), 149. – Bereits Johann Friedrich Bachmann hat in seiner Gerhardt-Edition von 1866 darauf hingewiesen, dass es unter diesen Frühdrucken der *Geistlichen und lieblichen Lieder*, zu Lebzeiten Johann Porsts erschienen, voneinander abweichende Textvarianten gibt. Soweit es ihm möglich war, hat sie Bachmann auch nachgewiesen. Vgl. ders., Paulus Gerhardts geistliche Lieder. Historisch-kritische Ausgabe, Berlin 1866.

[52] Zu Lorenz vgl. Otto Fischer (Bearb.), Evangelisches Pfarrerbuch für die Mark Brandenburg seit der Reformation, hg. vom Brandenburgischen Provinzialsynodalverband, Bd. 2: Verzeichnis der Geistlichen in alphabetischer Reihenfolge, Teil 1: Abbadie bis Major, Berlin 1941, 513 f. (in der Schreibweise »Lorentz«, die im Folgenden wegen der Schreibweise auf dem Titelblatt des *Kleinen Porstenschen Gesangbuchs* nicht übernommen wird).

[53] *Das kleine Porstensche Gesangbuch mit Anmerkungen, zum Gebrauch in Schulen. Von J. G. Lorenz, Prediger zu Biesdorff, Mahlsdorff und Kaulsdorff. Berlin, 1791. Bei Christian Gottfried Schöne* (im Folgenden: KPG). – Das einzige bibliographisch verzeichnete Exemplar befindet sich in der Staatsbibliothek Berlin, Sign.: Slg Wernigerode Hb 2148.

einen *Beitrag zur Methodik für angehende Bürgerschullehrer und Schulmeister auf dem Lande* veröffentlicht, woran sein pädagogisches Interesse erkennbar wird. Dies steht auch hinter dem *Kleinen Porstenschen Gesangbuch*, das der Vorrede zufolge dezidiert für Elementarschullehrer bestimmt war. Auf lediglich 168 Oktavseiten beinhaltet das Büchlein 124 Lieder, die anders als im ‚großen Porst' einspaltig gesetzt waren; wie dort wurde auf Notendruck und Angabe von Verfassernamen verzichtet, bei allen Liedern wurden lediglich Melodieangaben hinzugesetzt.[54]

Die meisten der von Lorenz in sein Schul- bzw. Lehrergesangbuch aufgenommenen Lieder hatten eine sprachliche Umgestaltung erfahren, was zu Modifikationen der in ihnen verarbeiteten Glaubensinhalte bzw. der Theologie führte. Damit entsprach dieses *Kleine Porstensche Gesangbuch* der allgemeinen Gesangbuchentwicklung während der theologischen Aufklärung im letzten Drittel des 18. Jahrhunderts, in der Gesangbuchmacher überkommene Liedtexte mitunter fundamental überarbeiteten und auf diese Weise theologisch umformten, entsprechend ihrem Anliegen, die Lieder früherer Generationen für einen zeitgemäßen Gebrauch kompatibel zu machen.[55]

Von Gerhardts Dichtungen wurden 14 aus dem Repertoire des Porst'schen Gesangbuchs teils vollständig, teils in Strophenauswahl in den kleinen Porst übernommen.[56] Dazu änderte Lorenz auch hier einige der Textfassungen oder übernahm bereits vorliegende zeitgenössische

---

[54] Ein Melodienregister wie im Porst'schen Gesangbuch gibt es hier nicht. Sogar ein Liedregister fehlt. Auf der letzten Seite findet sich lediglich ein die Rubriken auflistendes Inhaltsverzeichnis.

[55] Vgl. dazu grundlegend Paul Sturm, Das evangelische Gesangbuch der Aufklärung. Ein Beitrag zur deutschen Geistesgeschichte des 17. und 18. Jahrhunderts, Barmen 1923; Barbara Stroeve, Gesungene Aufklärung. Untersuchungen zu nordwestdeutschen Gesangbuchreformen im späten 18. Jahrhundert, Diss. Oldenburg 2005.

[56] Siehe die Auflistung im Anhang unter 5). Die Nummerierung des Porst'schen Gesangbuchs wurde dabei beibehalten.

Varianten, wie sie sich etwa im sogenannten Mylius von 1780 finden. Ein Beispiel für eine solche Umarbeitung ist Gerhardts *Befiehl du deine Wege*, im Porst'schen Gesangbuch seit 1723 Nr. 353. Einige Strophen wurden nah am Original belassen, in anderen wurden lediglich einzelne Worte bzw. Zeilen abgeändert, wieder andere wurden komplett überarbeitet. Für letzteres signifikant sind die ursprünglichen Strophen 9 und 10, die bereits für das Mylius-Gesangbuch zur sechsten Strophe neu zusammengestellt worden waren;[57] derselbe Text findet sich auch im *Kleinen Porstenschen Gesangbuch*.

Porst'sches Gesangbuch	*Kleines Porstensches Gesangbuch* (S. 76):
9. *Er wird zwar eine Weile*	6. *Verzieht der Trost auch lange,*
mit seinem Trost verziehn,	*Den du von ihm begehrt,*
und thun an seinem Theile,	*Und wird dir oftmals bange,*
als hätt' in seinem Sinn	*Daß er dich nicht gehört;*
Er deiner sich begeben,	*Er wird dir Hülfe senden,*
und sollst du für und für	*Wenn du's am mind'sten gläubst,*
in Angst und Nöthen schweben,	*Und alles Unglück wenden,*
und frag't Er nichts nach dir.	*So du ihm treu verbleibst.*
10. *Wirds aber sich befinden,*	
daß du ihm treu verbleibst,	
so wird er dich entbinden,	
da du's am mindsten gläubst:	
Er wird dein Herze lösen	
von der so schweren Last,	
die du zu keinem Bösen	
bisher getragen hast.	

---

[57] Vgl. *Gesangbuch zum gottesdienstlichen Gebrauch in den Königlich Preußischen Landen[.] Mit allergnädigster Königl. Freyheit[.] Berlin 1781[,] verlegts August Mylius[,] Buchhändler in der Brüderstraße*, 242 (Nr. 303); VD18 11393440.

Neben den Liedern bzw. den Auszügen daraus gibt es in diesem *Kleinen Porstenschen Gesangbuch* von Lorenz verfasste Paratexte, die für die Gerhardt-Rezeption ebenfalls nicht uninteressant sind. Denn den meisten Liedern hatte der Herausgeber Erklärungen beigegeben, um Schulkindern die Texte zu erläutern. So etwa bei der zwölften, in diesem Fall nicht überarbeiteten Strophe des Liedes *Warum willst du draußen stehen* (Nr. 21):

Alles dient zu deinem Frommen,
Was dir bös' und schädlich scheint,
Weil dich Christus angenommen,
Und es treulich mit dir meint.
Bleibest du dem wieder treu,
Ists gewiß und bleibt dabei,
Daß du mit den Engeln droben
Ihn dort ewig werdest loben.[58]

Nach einer kurzen Erklärung der ersten Zeile[59] hebt Lorenz insbesondere auf das Wortpaar *Christus angenommen* in Zeile 3 ab. Hierzu lautet sein Subtext: »Jesus hat sich dadurch unsrer angenommen, daß er uns eine solche Anweisung in seiner Lehre gegeben, wodurch wir Gott genau kennen lernen, und einsehen, daß endlich alles zu unserm Besten dienen muß, wenns gleich anfänglich böse schien.«[60] An dieser Erklärung tritt Lorenz' Fokussierung der Lehre und des Nutzens zutage, die das ganze Buch durchzieht und typisch ist für die Aufklärungstheologie seiner Zeit.[61]

---

[58] KPG, 16.
[59] Ebd.: »Frommen ist so viel als Nutzen.«
[60] Ebd.
[61] Vgl. exemplarisch Albrecht Beutel, Kirchengeschichte im Zeitalter der Aufklärung. Ein Kompendium, Göttingen 2009, 22, der »Nützlichkeit« als »ein Modethema der Aufklärungszeit« klassifiziert.

Zu den Liedern, denen keine Erklärungen beigegeben wurden, zählt der dreistrophige Auszug aus *O Haupt voll Blut und Wunden*. Von diesem Lied wurden die Strophen 8 bis 10, also wiederum der Schluss, abgedruckt (Nr. 105), wobei besonders die Schlussstrophe textliche Veränderungen erfuhr.[62] Allerdings steht hier, wie etwa auch bei *Wach auf, mein Herz, und singe* (Nr. 648)[63], der veränderte Text ohne weitere Erklärungen für sich; anders als beispielsweise die Strophen 13 und 14 von *O Welt, sieh hier dein Leben* (Nr. 115). Dort erläutert Lorenz unter erkennbarem Rückgriff auf Luthers Auslegung des achten Gebots im Kleinen Katechismus zum Strophenanfang: »Wenn die Menschen etwas Böses von mir reden, das nicht wahr ist, so will ich es erdulden, und nicht wieder Böses von ihnen reden, sondern ihnen vergeben, und Gutes von ihnen reden.«[64]

Hatten die bisherigen Liedbeispiele lediglich eine Länge von einer bis zu drei Strophen, wurden vom Gerhardt-Lied *Gott Vater, sende deinen Geist* (Nr. 171) acht Strophen, also die Hälfte der Dichtung, in den kleinen Porst aufgenommen, konkret die erste sowie die sieben letzten Strophen. Abgesehen von Strophe 15 weist der Wortlaut kaum Modifikationen auf. Anders als in den bislang betrachteten Beispielen bezieht sich die Erklärung hier nicht auf einzelne Zeilen oder Strophen, sondern auf den gesamten Liedauszug:

»Der heilige Geist ist Gott selbst. Gott ist ein Geist, und weil er heilig ist, so wird er auch genannt der heilige Geist. Er wirket in uns durch sein Wort; durch alle gute Lehren und Ermahnungen zum Guten; durch die Erweisungen der täglichen Wohlthaten, wodurch er uns in christlicher Tugend übt;

---

[62] KPG, 26: »Erscheine mir zum Schilde[,] In meiner Todesnoth, Und laß mich sehn im Bilde, Wie du besiegt den Tod. Da will ich nach dir blicken, Da will ich glaubensvoll[,] Das Herz an dir erquicken. Wer so stirbt, der stirbt wohl.«
[63] KPG, 129 f.
[64] KPG, 27.

durch Trübsale, die uns in der Geduld und Vertrauen auf ihn stärken sollen. Wer nun gute Lehren hört und befolgt, die erzeigten Wohlthaten, als, Gesundheit und Brod, gut anwendet, und sich auch in traurigen Umständen als ein frommer Christ zeigt, in dem wohnt der heilige Geist, in dem wirkt er, der läßt sich von ihm regieren.«[65]

Wie schon andernorts beobachtet, treten auch an dieser Stelle Tugend und Lehre bei der Gerhardt-Interpretation deutlich in den Vordergrund. Insgesamt fällt allerdings auf, dass Gerhardts Dichtungen, die ein gutes Zehntel des Gesamtbestands ausmachen, im *Kleinen Porstenschen Gesangbuch* verglichen mit denen anderer Autoren wenig modifiziert wurden. Da sich Lorenz in seiner Vorrede auf die große Beliebtheit des Porst'schen Gesangbuchs in der Bevölkerung bezieht, kann dies wohl auch für die übernommenen Gerhardt-Gesänge gelten. Obgleich diesem Schulgesangbuch keine große Wirkungsgeschichte beschieden war, zeigt sich an ihm doch eine Facette der aufgeklärten Gerhardt-Rezeption im Zusammenhang des in der Bevölkerung am Ende des 18. Jahrhunderts nach wie vor hochgeschätzten Porst.

5. Neue Impulse für den alten Porst – vom noch älteren Gerhardt

Das Porst'sche Gesangbuch blieb über mehrere Generationen eine Konstante im kirchlichen Leben seiner Wirkungskreise. Der Anfang der 1780er Jahre unternommene Versuch, dieses Buch zusammen mit allen älteren Gesangbüchern Preußens flächendeckend durch ein einziges neues *Gesangbuch zum gottesdienstlichen Gebrauch* zu ersetzen, schlug aus verschiedenen Gründen fehl, vor allem jedoch wegen der ausgeprägten Identifikation der evangelischen Christenmenschen mit ihrem je-

---

[65] KPG, 35.

weiligen Gesangbuch.[66] Auch die sogenannte Franzosenzeit[67] sowie die Einführung des unter der Ägide Friedrich Schleiermachers (1768–1834) entstandenen Berliner Gesangbuchs von 1829[68] vermochten nicht, den Porst aus dem gottesdienstlichen Verkehr zu ziehen.

Gleichwohl war das Porst'sche Gesangbuch inzwischen alt geworden, und auch bei seinen Anhängern keineswegs aller Kritik enthoben. Druckfehler entstellten hier und da den Text und wurden, hatten sie sich einmal mit oder ohne Absicht eingeschlichen, von einer Auflage zur anderen mitgeschleift. Die Beschwerden hierüber führten 1845 im Verbund mit Urheberrechtsfragen zu einer ersten Revision des Porst'schen Gesangbuchs, von deren Ergebnissen auch die Dichtungen Gerhardts betroffen waren, am gravierendsten die siebte Strophe des Liedes *Ein Lämmlein geht und trägt die Schuld* (Nr. 78). Hier war die ursprünglich im Gesangbuch gebotene Textfassung in den Zeilen 5 und 6 um die Wende zum 19. Jahrhundert verändert worden, sodass der Text dieser Strophe nun lautete:

---

[66] Dabei handelte es sich um das bereits erwähnte Gesangbuch des Verlegers August Mylius, s. o. Anm. 57. Zu diesem Abschnitt des Berliner Gesangbuchgeschichte vgl. exemplarisch Hans Hattenhauer, Der Berliner Gesangbuchstreit von 1781, in: ZSRG.K 125 (2008), 211–254; Malte van Spankeren, Johann Joachim Spalding und der Berliner Gesangbuchstreit (1781), in: JHMTh/ZNThG 18 (2011), 191–211.

[67] Gerade im Rückblick auf die französische Besatzung Berlins gibt es bewegende Zeugnisse über den Gebrauch des Porst'schen Gesangbuchs mit seinem identitätsstiftenden Potential. Vgl. dazu Jonas Milde, »… aus welchem sich schon Millionen seelig gesungen haben.« Das Porst'sche Gesangbuch (1709–1908) im Hinblick auf konfessionelle, territoriale und kommunale Identität, in: Andrea Hofmann/Esther Wipfler (Hg.), 500 Jahre Evangelisches Gesangbuch. Musik, Theologie, Kulturgeschichte, Regensburg 2024, 304–318, 304 f.

[68] S. hierzu den Beitrag von Bernhard Schmidt in diesem Band, S. 68 ff.

> *Erweitre dich, mein Herzensschrein,*
> *du sollst ein Schatzhaus werden*
> *der Schätze, die viel größer seyn*
> *als Himmel, Meer und Erden,*
> *weg mit den Schätzen dieser Welt*
> *und allem, was der Welt gefällt,*
> *ich hab' ein bessers funden.*
> *Mein größter Schatz, HErr JEsu Christ,*
> *ist dieses, was geflossen ist*
> *aus deines Leibes Wunden.*[69]

Die revidierten Porst-Ausgaben enthielten seit 1846 wieder – wenngleich auch nicht immer frei von Fehlern – die ursprüngliche Fassung.[70]

Für die Gerhardt-Rezeption ungleich bedeutender als diese erste, vergleichsweise kleine Revision von 1845 war die große Porst-Revision ein Jahrzehnt später, bei der die Revisoren[71] grundsätzlicher vorgingen, da nun nicht nur die einzelnen Texte, sondern auch der gesamte Textbestand zur Disposition gestellt wurde. Lieder, die nach Meinung der Revisoren für Gemeinden Mitte des 19. Jahrhunderts nicht (mehr) singbar waren, wurden durch »besseres«[72] Liedgut ersetzt; zudem wurde der bis dato

---

[69] So etwa die Porst-Ausgabe vom Jahr 1836, Bl. 86, die 34. Großdruckausgabe des Gesangbuchs. Vgl. das Exemplar der Universitätsbibliothek Frankfurt am Main, Sign.: 18/33087.

[70] In der ersten revidierten Porst-Ausgabe 1846 lauteten die Zeilen fünf und sechs dieser Strophe: *weg mit den* [!] *Gold Arabia, weg Calmus, Myrrhen Cassia!* Bei den folgenden Nachdrucken wurde *den* zu *dem* korrigiert. – Dieses Textbeispiel bietet auch Johann Friedrich Bachmann, Zur Geschichte der Berliner Gesangbücher. Ein hymnologischer Beitrag, Berlin 1856, 234.

[71] Federführend war hierbei Bachmann selbst, der in seiner Geschichte der Berliner Gesangbücher (s. vorherige Anm.) einen Bericht über diese Revision gab, vgl. ebd., 231–260.

[72] Im Titel der revidierten Ausgaben findet sich seit 1855 der Zusatz »verbessert und vermehrt« (exemplarisch s. o. Anm. 8).

925 Nummern umfassende Liedbestand auf 1073 Nummern erweitert. Auch von dieser Überarbeitung des gesamten Repertoires war das Werk Paul Gerhardts nicht ausgenommen. Zum einen wurde eines seiner Lieder ausgeschieden,[73] zum anderen kamen sieben weitere Gerhardt-Lieder zum Repertoire des Porst'schen Gesangbuchs hinzu:[74]

- *Als Gottes Lamm und Leue* (Nr. 70)
- *Gott ist mein Licht, der Herr mein Heil* (Nr. 394)
- *Wie schön ist's doch, Herr Jesu Christ* (Nr. 1003)
- *Nun danket all und bringet Ehr* (Nr. 1016)
- *Die güldne Sonne* (Nr. 1023)
- *Herr Gott, du bist ja für und für* (Nr. 1057)
- *Mein herzer Vater, weint ihr noch* (Nr. 1065)

Die ersten beiden der sieben neu aufgenommenen Gerhardt-Lieder ersetzten im Altbestand des Porst'schen Gesangbuchs je ein von den Revisoren ausgeschiedenes Lied.[75] Die übrigen fünf Gerhardt-Dichtungen finden sich im neu geschaffenen Anhang.[76]

Zur Geschichte des Porst'schen Gesangbuchs in der Mitte des 19. Jahrhunderts gehört neben den beiden Berliner Revisionen auch der einzige

---

[73] *Herr, ich will gar gerne bleiben* (Nr. 731). An seine Stelle trat *O der alles hätt verloren* von Gottfried Arnold; Gründe für explizit diese Streichung nennt der Chefrevisor Bachmann nicht.

[74] Darauf hingewiesen hat bereits Henkys, Paul-Gerhardt-Rezeption (s. Anm. 39), 283.

[75] *Als Gottes Lamm und Leue* trat an die Stelle von *Brich entzwei, mein armes Herze* von David Trommer; *Gott ist mein Licht, der Herr mein Heil* ersetzte ein Lied mit dem Incipit *Die sanfte Bewegung, die liebliche Kraft*.

[76] Dieser Anhang wurde, zusammen mit den im Hauptteil anstelle der früheren Gesänge eingefügten Liedern auch separat gedruckt, um den Fortgebrauch älterer Porst-Ausgaben zu ermöglichen. Begründungen für die Zufügung gerade dieser Lieder bringt der in Anm. 71 genannte Bericht Bachmanns wiederum keine.

Nachdruck dieses Gesangbuchs außerhalb der brandenburgischen Kapitale. 1854 erschien in Treptow an der Rega eine Ausgabe für den pommerschen Gesangbuchmarkt,[77] die die Textfassungen der 1845er Revision übernahm. Im Gegensatz zu den Berliner Ausgaben vor der Revision von 1855 wurde den Liedern in Treptow mehrheitlich eine Verfasserangabe beigedruckt, sodass hier erstmals für die Gesangbuchbenutzer der Name Paul Gerhardt mit dessen Dichtungen in einen nachvollziehbaren Zusammenhang gebracht wurde. Allerdings basierte diese hymnologische Verbesserung auf nicht allzu gründlichen Studien, sodass sich gelegentlich Fehler einschlichen und Gerhardt irrigerweise das von Georg Richter stammende Lied *Steh doch Seele, steh doch stille* (Nr. 762) untergejubelt wurde.[78] Gleichwohl waren diese Autorenzuweisungen wegweisend für die Geschichte des Porst'schen Gesangbuchs. Denn auch die Berliner Drucke der revidierten Ausgaben brachten von 1855 an – sofern bekannt – die Namen der Dichterinnen und Dichter unter den Liedtexten an. Auch hier wurde Paul Gerhardt jetzt also bei seinen Liedern im Gesangbuch auffindbar.

---

[77] Zur Gerhardt-Rezeption im Ostseeraum (ohne Berücksichtigung des Porst) vgl. Winfried Böttler (Hg.), »Wach auf, mein Herz, und singe«. Paul Gerhardts Lieder im Ostseeraum (Beiträge der Paul-Gerhardt-Gesellschaft 11), Berlin 2020.

[78] Vgl. *Geistliche und liebliche Lieder, welche der Geist des Glaubens durch Doctor Martin Luthern, Johann Hermann, Paul Gerhard, und andere seine Werkzeuge, in den vorigen und jetzigen Zeiten gedichtet, und die bisher in Kirchen und Schulen der Königl. Preuß. Lande bekannt sind, nebst einigen Gebeten von Johann Porst, Königl. Preußischem Consistorial-Rathe, Probste und Inspectore in Berlin.* Treptow a. d. Rega. Druck und Verlag der Julius Bockramm'schen Buchdruckerei, [o. J.], 635. – Ein Exemplar dieses Drucks befindet sich in der Bibliothek der Franckesche Stiftungen Halle, Sign.: S/GESANG:966.

6. Verbreitung des Porst'schen Gesangbuchs

Nach diesem Überblick über markante Episoden der Beziehungsgeschichte zwischen Paul Gerhardts Liedern und dem Porst'schen Gesangbuch gilt es abschließend, die Verbreitung dieses Gesangbuches abzustecken, um nicht nur die zeitliche, sondern auch die geographische Bedeutung für die Gerhardt-Rezeption zu erahnen. Denn in seiner zweihundertjährigen Druck- und seiner noch längeren Wirkungsgeschichte prägte der Porst die Frömmigkeit ganzer Landstriche.

Die Berliner Stadtgrenzen hatte dieses Gesangbuch bereits bald nach seiner Entstehung überschritten und fand im Lauf des 18. Jahrhunderts starke Verbreitung vor allem in Brandenburg und Hinterpommern, dazu auch in anderen preußischen und außerpreußischen Gebieten, etwa im Strelitzer Landesteil Mecklenburgs.[79] Mitte des 19. Jahrhunderts gebrauchten über 200 pommersche Gemeinden dieses Gesangbuch im Gottesdienst, was es zum zweithäufigsten Gesangbuch dieser Provinz machte.[80] In Brandenburg stand es unter etwa 30 verschiedenen Gesangbüchern, die um 1850 in offiziellem Gebrauch waren, unstrittig auf Platz 1. Über 700 Gemeinden sangen zu dieser Zeit aus dem Porst'schen Ge-

---

[79] Von den 1720er Jahren bis zum Beginn des 19. Jahrhunderts gab es einige Mecklenburger Gemeinden, in denen der Porst offiziell verwendet wurde. Vgl. dazu Johannes Friedrich Bachmann, Geschichte des evangelischen Kirchengesanges in Mecklenburg, insbesondere der Mecklenburgischen Gesangbücher. Ein hymnologischer Beitrag, Rostock 1881, 315; Georg Krüger-Haye, Kirchengeschichte von Mecklenburg-Strelitz. 1701-1934, Schwerin 1941, 41; Karl Schmaltz, Kirchengeschichte Mecklenburgs, Bd. 3, Berlin 1952, 212; zuletzt auch Barbara Lange, 1701-2001: 300 Jahre Mecklenburg-Strelitz. Gesangbuch-Geschichten, in: IAH.B 28/29 (2000/2001), 225-240.

[80] Vgl. dazu: Nachweis des Werthes der in den verschiedenen Provinzen der Monarchie kirchlich gebräuchlichen Gesangbücher nach ihrem theologischen Character, ihrer Brauchbarkeit für die Erbauung und ihrer hymnologischen Bedeutsamkeit, gemäß der [...] Consistorial-Berichte zusammengestellt, in: Evangelisches Zentralarchiv Berlin (EZA) 7/255, (224^r-232^v) 225^v-226^v.

sangbuch[81] und behielten es – wie etwa auch Gerhardts ehemalige erste Gemeinde in Mittenwalde – bis an die Wende zum 20. Jahrhundert in Gebrauch[82]. Wie die Brandenburger und Pommer gebrauchten auch evangelische Christenmenschen im Norden der preußischen Provinz Sachsen[83] sowie in außerpreußischen[84] und außereuropäischen[85] Gebieten dieses Buch – und sangen aus ihm Gerhardts Lieder.

Auf die Fragen nach dem Erfolgsrezept des Porst, weshalb etwa dieses recht schlichte Buch das vorherige Berliner Premium-Gesangbuch, die Praxis Pietatis Melica, ablöste,[86] oder warum es zwei Jahrhunderte in

---

[81] Vgl. ebd., 224^v–225^v.

[82] Vgl. EZA 14/946, o. P.

[83] Vgl. ein auf den 13. April 1844 datiertes Verzeichnis aller in der Provinz Sachsen in offiziellem Gebrauch stehenden Gesangbücher, in: EZA 2544, ([187^r] 189^r–195^r) 191^r. Im Jahr 1885 fand sich der Porst noch unter den weit über 70 verschiedenen offiziell gebrauchten evangelischen Gesangbüchern dieser Provinz, vgl. Pfarr-Almanach oder die evangelischen Geistlichen und die Kirchen der Provinz Sachsen, der Grafschaften Wernigerode, Roßla und Stolberg, Osterburg/Magdeburg 1885, 16f.

[84] Vgl. exemplarisch für eine Gemeinde in der Dobrudscha Karl Gustav Fellerer, Das deutsche Kirchenlied im Ausland (Deutschtum und Ausland 59/60), Münster 1935, 84f., und für Siebenbürgen Elisabeth Fillmann, Das Projekt »Erfassung deutschsprachiger Gesangbücher in Siebenbürgen«, seine spezifischen Ergebnisse und übertragbaren Befunde zum Bezug von Gesangbuch und Lebenswelt, in: IAH.B 40 (2012), 303–313, hier 313.

[85] Vgl. Fellerer, Das deutsche Kirchenlied im Ausland (s. Anm. 84), 163; 171.

[86] Martin Rößler, Art. Gesangbuch, in: MGG Online, hg. von Laurenz Lütteken, Kassel/Stuttgart/New York 2016ff., zuerst veröffentlicht 1995, online veröffentlicht 2016, URL: https://www.mgg-online.com/mgg/stable/12048 (Stand: 13.05.2020), hatte geschrieben: »Dieses Gesangbuch löste bald Crügers *Praxis pietatis melica* ab […]«. Wolfgang Miersemann stellte 2018 fest, dass der Porst der 1737 letztmals aufgelegten PPM »den Rang ablief« – vgl. ders., »so wohl ausgelassen / als verstümmelt und geändert«. Auseinandersetzungen über Veränderungen an »alten Lutherischen Kirchen=Gesängen« im späten 17. und frühen 18. Jahrhundert, in: ders. et al. (Hg.), »Mit kräfftigen Gesängen die Gemeinde Gottes zu erbauen«. Das Lied der Reformation im Blickpunkt seiner Rezeption (Hallesche Forschungen 52), Halle 2018, 49–89, hier 71.

Gebrauch blieb und sich in diversen Gesangbuchdebatten durchsetzen konnte, sind nur annähernde Antwortversuche möglich. Wahrscheinlich gerade weil dieses Gesangbuch vergleichsweise preisgünstig und von Anfang an für möglichst breite Kreise produziert worden war, konnte es für unzählige Berliner, Brandenburger, Pommer und andere überhaupt das erste eigene Gesangbuch im Hause werden. Da bis zur Revision 1855 auf die Angabe von Verfassernamen grundsätzlich verzichtet wurde, kursierten auch Gerhardts Lieder bis zur Mitte des 19. Jahrhunderts inkognito durch die Gemeinden – und es stellt sich darum abschließend die Frage, inwiefern Gerhardt den Gesangbuchnutzern überhaupt bekannt war, bzw. inwiefern sie den auf dem Titelblatt neben Luther und Heermann als »Werkzeug« Gottes exponierten Gerhardt mit dessen Liedern in Beziehung setzen konnten. Denn erst die Bachmann'sche Revision 1855 sorgte diesbezüglich für Aufklärung, sodass fortan die Menschen, die Gerhardts Lieder aus dem Porst zu ihrem Nutz und Frommen sangen und beteten, auch den Dichter Gerhardt in ihrem Gesangbuch entdecken konnten.

Anhang: Lieder von Paul Gerhardt im Gesangbuch
Geistliche und liebliche Lieder

1) Erstausgabe 1709:

Ach Herr, wie lange willst du mein (Nr. 388)
Ach treuer Gott, barmherzigs Herz (Nr. 389)
Alle, die ihr Gott zu Ehren (Nr. 20)
Also hat Gott die Welt geliebt (Nr. 301)
Auf den Nebel folgt die Sonn (Nr. 440)
Auf, auf, mein Herz, mit Freuden (Nr. 118)
Befiehl du deine Wege (Nr. 327)
Der Herr, der aller Enden (Nr. 155)
Die Zeit ist nunmehr nah (Nr. 821)
Du bist ein Mensch, das weißt du wohl (Nr. 328)
Du liebe Unschuld, du (Nr. 630)
Ein Lämmlein geht und trägt die Schuld (Nr. 72)
Fröhlich soll mein Herze springen (Nr. 30)
Geduld ist euch vonnöten (Nr. 631)
Gegrüßet seist du, Gott, mein Heil (Nr. 74)
Gegrüßet seist du, meine Kron (Nr. 75)
Geh aus, mein Herz, und suche Freud (Nr. 329)
Gib dich zufrieden (Nr. 633)
Gott Lob, nun ist erschollen (Nr. 285)
Herr, aller Weisheit Quell und Grund (Nr. 708)
Herr, der du vormals hast dein Land (Nr. 270)
Herr, höre, was mein Mund (Nr. 238)
Ist Gott für mich, so trete (Nr. 475)
Jesu, allerliebster Bruder (Nr. 732)
Nach dir, o Herr, verlanget mich (Nr. 411)
Nicht so traurig, nicht so sehr (Nr. 334)
Noch dennoch musst du drum (Nr. 646)
Nun geht frisch drauf (Nr. 625)
Nun ist der Regen hin (Nr. 279)
Nun lasst uns gehn und treten (Nr. 619)
Nun ruhen alle Wälder (Nr. 598)
O du allersüßte Freude (Nr. 215)
O Gott, mein Schöpfer, edler Fürst (Nr. 729)
O Haupt voll Blut und Wunden (Nr. 97)
O Herz des Königs aller Welt (Nr. 98)
O Jesu Christ, dein Kripplein ist (Nr. 44)
O Jesu Christ, mein schönstes Licht (Nr. 319)
O Welt, sieh hier dein Leben (Nr. 105)
Schwing dich auf zu deinem Gott (Nr. 458)
Sei fröhlich alles, weit und breit (Nr. 135)
Sei mir tausendmal gegrüßet (Nr. 109)
Sei wohl gegrüßet, guter Hirt (Nr. 110)
Siehe, mein getreuer Knecht (Nr. 111)
Sollt ich meinem Gott nicht singen (Nr. 544)
Wach auf, mein Herz, und singe (Nr. 585)

Herr, ich will gar gerne bleiben
  (Nr. 656)
Ich bin ein Gast auf Erden
  (Nr. 678)
Ich erhebe, Herr, zu dir (Nr. 331)
Ich grüße dich, du frömmster Mann
  (Nr. 82)
Ich habe in Gottes Herz und Sinn
  (Nr. 640)
Ich steh an deiner Krippen hier
  (Nr. 35)
Ich weiß, mein Gott, dass all mein Tun
  (Nr. 642)
Ist Ephraim nicht meine Kron
  (Nr. 452)

Warum sollt ich mich denn grämen
  (Nr. 481)
Warum willst du draußen stehen
  (Nr. 18)
Was Gott gefällt, mein frommes Kind
  (Nr. 651)
Weg, mein Herz, mit den Gedanken
  (Nr. 843)
Wer wohlauf ist und gesund (Nr. 549)
Wie ist so groß und schwer die Last
  (Nr. 289)
Wie soll ich dich empfangen (Nr. 17)
Wir singen dir, Immanuel (Nr. 49)
Zeuch ein zu deinen Toren (Nr. 219)

2) Ergänzungen in der 2. Auflage 1713 (Hauptteil):

Barmherzger Vater, höchster Gott
  (Nr. 424)
Du, meine Seele singe (Nr. 577)
Gott Vater, sende deinen Geist
  (Nr. 167)
Ich hab oft bei mir selbst gedacht
  (Nr. 792)
Ich singe dir mit Herz und Mund
  (Nr. 585)

Ich, der ich oft in tiefes Leid (Nr. 584)
Kommt und lasst uns Christum ehren
  (Nr. 42)
Wohl dem Menschen, der nicht
  wandelt (Nr. 207)

3) Ergänzung 1713 im Anhang:

Was alle Weisheit in der Welt
  (ohne Nr.)

4) In der ersten Großdruck-Ausgabe 1722 entfallene Lieder:

Ach Herr, wie lange willst du mein	Gegrüßet seist du Gott, mein Heil
Ach treuer Gott, barmherzigs Herz	Gegrüßet seist du, meine Kron
Du, meine Seele, singe	Geh aus, mein Herz, und suche Freud-
Gott Lob, nun ist erschollen	Nun geht frisch drauf
Herr, aller Weisheit Quell und Grund	Nun ist der Regen hin
Herr, höre, was mein Mund	O Herz des Königs aller Welt
Ich grüße dich, du frömmster Mann	Sei fröhlich alles weit und breit
<u>Ich, der ich</u> oft in tiefes Leid	Sei wohl gegrüßet guter Hirt
Ist Ephraim nicht meine Kron	Siehe, mein getreuer Knecht
<u>Kommt und lasst</u> uns Christum ehren	Wie ist so groß und schwer die Last
Noch, dennoch musst du drum	Wir singen dir, Immanuel

(Die beiden unterstrichenen Titel waren erst 1713 hinzugekommen.)

5) Im *Kleinen Porstenschen Gesangbuch* 1791 enthaltene Gerhardt-Lieder:

Befiehl du deine Wege (Nr. 353, Str. 1-4, 8, 9, 11-12)	*O Gott, mein Schöpfer, edler Fürst* (Nr. 815, Str. 1-6)
Du liebe Unschuld, du (Nr. 701, Str. 6-15)	*O Haupt voll Blut und Wunden* (Nr. 105, Str. 8-10)
Geh aus, mein Herz, und suche Freud (hier: *Geh aus, o Mensch, und fühle Freud*; Nr. 355, Str. 1-9)	*O Welt, sieh hier dein Leben* (Nr. 115, Str. 13-14)
Gott Vater, sende deinen Geist (Nr. 171, Str. 1, 10-16)	*Wach auf, mein Herz, und singe* (Nr. 648, 8 Str., stark überarbeitet)
Ich singe dir mit Herz und Mund (Nr. 588, Str. 1-8, 15-18)	*Warum willst du draußen stehen* (Nr. 21, Str. 12)
Nicht so traurig, nicht so sehr (Nr. 361, Str. 1-6, 9-11, 15)	*Wer wohlauf ist und gesund* (Nr. 607, Str. 1-15)
Nun lasst uns gehn und treten (Nr. 689, 13 Str., stark überarbeitet)	*Zeuch ein zu deinen Toren* (Nr. 186, Str. 10, 11 und 13)

Paul Gerhardt verstehen
Über Versuche in der Aufklärungszeit, den barocken Liederdichter verständlicher zu machen

Bernhard Leube

Lieder werden einstens wie heute zunächst danach beurteilt, ob sie verständlich sind. Paul Gerhardt ist wichtig, seine Lieder sind beliebt, aber wenn man ehrlich ist, nicht in allem sofort zugänglich. Paul Gerhardt aber zu verstehen, war nicht zuletzt ein Anliegen in der Zeit der Aufklärung. Wenn, wie derzeit wieder, ein Gesangbuch gemacht wird, kann man ein Lied ja bearbeiten[1] und »nach dem Bedürfniß der gegenwärtigen Zeit« einrichten, um aus dem Titel des württembergischen Aufklärungsgesangbuchs von 1791 zu zitieren.[2] Ich will deshalb (1) zunächst fragen: Was heißt überhaupt ein Lied verstehen? Dann werfe ich (2) zwei klar umgrenzte Schlaglichter in die riesige Gesangbuchlandschaft der Aufklärungszeit samt einem Ausläufer, um daraufhin (3) etwas näher auf zwei sehr bekannte Gerhardt-Lieder zu blicken und schließlich (4) ein Fazit zu ziehen, mit dem ich das Stichwort performative Ekklesiologie erläutere.

---

[1] Liedtextbearbeitungen begannen im Grunde schon seit Martin Opitz' Buch von der deutschen Poeterey von 1624, ein gutes Jahrhundert später gab einen starken Schub Friedrich Gottlieb Klopstock 1758 mit dem Anhang *Veränderte Kirchenlieder* zum ersten Teil seiner *Geistliche[n] Lieder*.

[2] *Würtembergisches Gesangbuch, zum Gebrauch für Kirchen und Schulen, von dem Königlichen Synodus nach dem Bedürfniß der gegenwärtigen Zeit eingerichtet.* Stuttgart 1791.

1. Was heißt: ein Lied verstehen?

Eine wesentliche Anfrage an geistliche Lieder der Tradition überhaupt und von Paul Gerhardt speziell ist in der Aufklärungszeit ebenso wie heute: Kann der Mensch von heute verstehen, was er da singt?[3] *Heute geht aus seiner Kammer / Warum sollt ich mich denn grämen /…, was gut sei oder schade dem sterblichen Geblüt / Die Höll und ihre Flammen löscht meines Heilands Blut* - das ist nicht mehr unsere Sprache, die der Jugendlichen gleich zweimal nicht. So drückt der Mensch von heute sich doch nicht aus. Außerdem gibt es da immer wieder Worte, die man überhaupt erstmal erklären muss – *Geblüt*, das *große Weltgewichte*, was für eine *Kammer*? Die Vorsehungstheologie der altprotestantischen Orthodoxie, wie sie uns gewiss kunstvoll in *Befiehl du deine Wege* begegnet - geht das heute noch? *Die Höll und ihre Flammen* – soll das aktueller Glaubensausdruck sein? Wenn das nicht mehr stimmt, müssen Lieder eben ausgeschieden, oder, will man sie behalten, bearbeitet werden. Doch so wird Verstehen zum Herrschaftsakt, oder mit Adorno/Horkheimer in der »Dialektik der Aufklärung«: »Die Aufklärung verhält sich zu den Dingen wie der Diktator zu den Menschen. Er kennt sie, insofern er sie manipulieren kann«.[4] Alles verstehen heißt, alles nach eigenem Gusto beherrschen zu wollen. In der »Dialektik der Aufklärung« wird schön gezeigt, wie in der Aufklärung die Vernunft in ihrem Herrschaftsstreben entgegen ihren Absichten selbst wieder in Mythologie zurückfällt.[5] Und Schleiermacher hält der Aufklärung gar eine »Wuth des Verstehens«[6] vor.

---

[3] Ich spreche von Liedtexten. Das Verstehen eines Liedes muss sich natürlich auch auf seine Melodie beziehen, aber dieses komplexe Feld lasse ich für diesmal außen vor; vgl. Bernhard Leube, Verstehst Du auch, was du da singst? Wie man mit Liedern aus fünf Jahrhunderten umgeht, Württembergische Blätter für Kirchenmusik 92 (2025) i. V.

[4] Max Horkheimer und Theodor Adorno, Dialektik der Aufklärung. Philosophische Fragmente, Frankfurt 1986, 15.

[5] Ebd., 3.6 u. ö.

Zurück zur operativen Ebene derer, die Gesangbücher machen. Gerade Lieder aus früheren Zeiten müssen, um lebendiges, aktuelles Lebenszeugnis sein zu können, gegenwärtigem Sprachempfinden zugänglich sein, um sich nicht dem Verdacht auszusetzen, in alter, kryptischer Sprachgestalt und mit verschwurbelten Formulierungen weiter alte Abhängigkeiten und überholte Auffassungen zu pflegen. Zugänglich sein heißt, unmittelbar, und das wiederum heißt: schnell zugänglich sein. Verstehen darf nicht so lange dauern!

Ein schönes hymnologisches Programm, gleichzeitig eine Aufklärungstheologie in nuce, findet sich in der Vorrede bei *Neues Reichs Stadt Hallisches Gesang=Buch* von 1798:

> »Die Religion wirkt durch den Verstand auf das Herz. Je faßlicher also ein geistliches Lied unserm Verstand ist, mit je mehr Würde es uns die Glaubenswahrheiten und Lebenspflichten vorträgt, desto kräftiger wirkt es auch auf unser Herz, desto bessere Wirkung wird es auch in unserem Wandel zeigen ... Bey der Wahl neuer Lieder wurde immer auf edle Einfalt, Richtigkeit und Faßlichkeit der Gedanken und Ausdrücke [...] gesehen.«[7]

Fasslich soll ein Lied also sein. – Auch Anton Webern, Zweite Wiener Schule, hat bei seinen Stücken Wert auf Fasslichkeit gelegt.[8] – Trotzdem finden die meisten Menschen seine Musik nicht schön oder zugänglich. Aber Bach finden die meisten schön, nur fasslich ist er nicht. Ist das also eine brauchbare Kategorie? Fasslichkeit bzw. Verständlichkeit eines Liedes ist eben nicht alles. Hermann Kurzke hat das schön benannt: In jedem Liedtext gibt es – rezeptionsästhetisch gesehen – eine Balance aus »Bestimmtheitsstellen, die dem Leser eine bestimmte, feststehende Deutung

---

[6] Friedrich Schleiermacher, Über die Religion. Reden an die Gebildeten unter ihren Verächtern, Göttingen [7]1991, 106.
[7] S. 1 der unpaginierten Vorrede (VD18 13998889).
[8] Vgl. Anton Webern, Der Weg zur neuen Musik, hg. von Willi Reich, Wien 1960, 18–19.60 u. ö.

abverlangen, und Leerstellen, an denen der Leser eigene Deutungen einbringen kann.«[9] Ein Lied braucht Bestimmtheitsstellen, damit es aussagekräftig bleibt und es braucht deutungsoffene Leerstellen, um die Aktivität der Rezipienten wach zu halten. Zuviel Bestimmtheit lässt ein Lied schnell veralten. Wenn ich ein Lied verstanden habe, dann ist es in gewisser Weise erledigt. Offene Leerstellen bewirken dagegen, dass ein Lied länger mit uns geht, haben also mit seiner Haltbarkeit zu tun, aber zu viele offene Stellen bringen ein Lied in die Gefahr, dass es alles und nichts sagt, sich jedem Interesse fügt bzw. instrumentalisieren lässt und letztlich uninteressant oder langweilig wird. Man kann auf beiden Seiten des Pferdes herunterfallen.

In den Liedversionen der Aufklärungsgesangbücher lässt sich nun eine Verschiebung beobachten hin zu Bestimmtheitsstellen im Sinne einer richtigen Dogmatik und zeitgemäßen Moral, doch häufig auf Kosten des biblischen Bilderreichtums des Originals. In Gerhardts *Ich weiß, mein Gott, dass all mein Tun* ist in der dritten Strophe die Rede von dem *weisen Mann*, der ein *Werk fröhlich* anfängt, *und bringt's doch nicht zum Stande*, und dann heißt es unter Verwendung des Bildes aus der Bergpredigt (Mt 7,26 f.): *er baut ein Schloss und festes Haus doch nur auf lauterm Sande* (EG 497,3). Im legendären Gesangbuch, das nach seinem Verleger nur der »Mylius« genannt wird (1780), lautet die Strophe: *Oft denken wir mit sicherm Muth, dieß oder jenes sey uns gut, und ist doch weit gefehlet; oft sehn wir auch für schädlich an, was doch dein Rath erwählet.*[10] Das war sicher zeitgemäß, vielleicht auch zugänglicher, aber es hat mit Gerhardt praktisch nichts mehr zu tun. Man will die Leute in ihren Verstehensmöglichkeiten da abholen, wo sie sind. Das ist heute kaum anders. Die Frage ist nicht mehr primär, ob mir ein Lied etwas zu sagen hat und mir

---

[9] Hermann Kurzke, Kirchenlied und Literaturgeschichte. Die Aufklärung und ihre Folgen, JLH 35 (1994/95), 124–135, hier 125.

[10] Hier zitiert nach: *Gesangbuch zum gottesdienstlichen Gebrauch in den Königlich Preußischen Landen*, Berlin 1781 verlegts August Mylius Buchhändler in der Brüderstraße, Nr. 222,3 (VD18 11393440).

dabei vielleicht auch etwas abverlangt, indem es über das Erwartbare hinausgeht, sondern ob es mindestens in der Nähe meiner Alltagssprache in mein Verstehensgefüge passt und sich meinen gegenwärtigen Befindlichkeiten fügt. Das ist sehr modern gedacht. Es muss schnell und in allem klar sein, was ein Lied sagen will. Doch das führt beim Kirchenlied in die Sackgasse. Prägnant formuliert Fulbert Steffensky: »Man kann die Hoffnung in der reinen Sagbarkeit ersticken.«[11]

Am Rande sei bemerkt: Die Fülle der Bearbeitungen führte bei den zahllosen Gesangbüchern, die in jeder noch so kleinen politischen Einheit herauskamen, zu ebenso zahllos vielen verschiedenen Versionen der Lieder, sodass von einer bisher leidlichen Gemeinsamkeit einheitlicher Liedtexte, die man über die Grenzen politischer Einheiten hinweg miteinander sang, keine Rede mehr sein konnte.

Der der Aufklärungszeit folgende Pendelrückschlag überrascht daher nicht. Das Publikum erfreut sich in der anhebenden Romantik, um nur zwei literarische Blitzlichter zu nennen, an den mysteriösen Gespenstergeschichten eines E.T.A. Hoffmann,[12] es ist nach all dem hellen und vielleicht auch kalten Licht der Vernunft von neuem fasziniert von Finsterem. Und Novalis glänzt mit seinen »Hymnen an die Nacht«.[13]

2. Gerhardt-Lieder in Aufklärungsgesangbüchern

Nun zu Paul Gerhardt anhand zweier Stichworte. Dem einen – Gegenwärtigkeit – gehe ich etwas ausführlicher nach, kürzer dem zweiten – Israel. Dann weise ich noch hin auf einen Ausläufer.

---

[11] Fulbert Steffensky, Was meine ich eigentlich, wenn ich Gott sage, in: Der alltägliche Charme des Glaubens, Würzburg 2002, 52.
[12] Z. B. E.T.A. Hoffmann, Der Sandmann, in: ders., Nachtstücke. Reclam, Stuttgart 2007, 7–45.
[13] Novalis, Werke. Tagebücher und Briefe Friedrich von Hardenbergs, hg. von Hans-Joachim Mähl und Richard Samuel, Bd. 1, München 1978, 147–177.

2.1. Gegenwärtigkeit

In den Kernritualen der Religionen geschieht zu keiner Zeit im Grunde anderes als Vergegenwärtigung.[14] Was in der Liturgik Anamnese, Gedenken im Sinne von Vergegenwärtigung genannt wird, beschreibt einen Vorgang, der auch geistlichem Singen als liturgischem Handeln innewohnt. Im Singen eines Liedes geschieht eine Vergleichzeitigung mit den Ursprungszeiten, mit der Geschichte eines Liedes, in spiritueller Perspektive eine zeitübergreifende Vereinigung also mit allen, die das Lied je gesungen haben. Mit der Aufklärung aber beginnt eine Zeitwahrnehmung, die Geschichte und Gegenwart nicht nur unterscheidet, sondern voneinander trennt.

Im Adventslied Gerhardts beginnt die zweite Strophe: *Dein Zion streut dir Palmen / und grüne Zweige hin / und ich will dir mit Psalmen / ermuntern meinen Sinn.* (EG 11,2) Im Singen reihe ich mich ein in die Reihe derer, die den einziehenden Jesus begrüßen – Vergleichzeitigung. Der »Mylius« aktualisiert: *Einst streute man dir Palmen; itzt soll die Dankbegier, mein Heil, in Freudenpsalmen / ergießen sich vor dir.*[15] Was *einst* war, ist vergangen, *itzt* haben wir andere Zeiten. Die biblisch entleerte Gegenwart wird zwar emotional aufgeladen mit Vokabeln wie *Dankbegier*, doch die anamnetische Dimension des Advents, wie sie bei Gerhardt zum Ausdruck kommt, ist dahin. Dazu nochmal Steffensky: »Die pure Gegenwart ist aus sich selber heraus nicht lesbar.«[16] – »Jetzismus« nennt das der frühere Bundestagspräsident Wolfgang Thierse in einem ZEIT-Interview.[17]

---

[14] Vgl. z. B. Alexander Deeg/David Plüss, Liturgik. Gütersloh 2021, 100–101 u. ö., oder auch: Mircea Eliade, Kosmos und Geschichte. Der Mythos der ewigen Wiederkehr, Frankfurt 1984.
[15] Mylius (wie Anm. 10) Nr. 78,2. Unterstreichung BL.
[16] Fulbert Steffensky, Brot für die Fremden (s. Anm. 8), 66.
[17] »Die Verachtung für das Erbe des Christentums und seine universalistische Idee ist geschichtsvergessen. Ich nenne das auch Jetzismus – und halte den für eine ideelle und kulturelle Verarmung.« ZEIT 52/2022 vom 15. Dezember 2022, 66.

Ein anderes Beispiel: Strophe 6 aus *O Haupt voll Blut und Wunden*:

Ich will hier bei dir stehen, / verachte mich doch nicht;
von dir will ich nicht gehen, / wenn dir dein Herze bricht;
wenn dein Haupt wird erblassen / im letzten Todesstoß,
alsdann will ich dich fassen / in meinen Arm und Schoß. (EG 85,6)

Das ist ein evangelisches Stabat Mater![18] Wer das singt, wird Teil der Passionsszenerie, steht bei Jesus unter dem Kreuz. Die körperlich betonte Sprache lässt am Ende der Strophe sogar eine evangelische Pietá entstehen, ... *will ich dich fassen in meinem Arm und Schoß*. Wer nun nach 1780 den Mylius in der Hand hatte, sang:

Ich will auf dich stets sehen / mit aller Zuversicht.
Wohin soll ich sonst gehen? / Verwirf du mich nur nicht!
Wo soll ich Ruhe finden, / wenn du mich, Herr, nicht liebst,
wo Reinigung von Sünden, / wenn du sie mir nicht giebst?[19]

Es bleibt zwar beim *Ich will stets auf dich sehen*, aber die theatrale Choreographie der Kreuzigungsszene bei Gerhardt, in der die Zeit Jesu und meine Zeit ineinander verschmelzen, geht verloren zugunsten einer Ansammlung theologischer Allgemeinplätze.

Ein weiteres Spitzenlied, in dem biblische und gegenwärtige Zeit schon in der Kopfzeile in eins gehen, *Ich steh an deiner Krippen hier* (EG 37), kommt im württembergischen Aufklärungsgesangbuch von 1791 und im Mylius schon gar nicht mehr vor, denn wie soll das denn bitte gehen: ich an der Krippe im Stall von Bethlehem?

---

[18] Vgl. im 20. Jahrhundert: *Christen stehen bei Gott in seinen Leiden* in Dietrich Bonhoeffers Gedicht *Christen und Heiden*, als Lied EG Wü 547; EG.E 2.
[19] Mylius, Nr. 82,6.

Die Schlüsselvokabel für die anamnetische Dimension des Kirchenlieds ist *heute*. Mit ein paar Beispielen sei kurz über Gerhardt hinausgegangen:

Euch ist ein Kindlein heut geborn (EG 24,2 Luther), *Heut schleußt er wieder auf die Tür* (EG 27,6 N. Herman), *der Herr ist auferstanden heut* (EG 105,16 Böhm. Brüder), *Christ, unser Herr, heut triumphiert* (EG 106,1 N. Herman), und auch Paul Gerhardt zu Weihnachten: *Heute geht aus seiner Kammer Gottes Held, der die Welt reißt aus allem Jammer* (EG 36,2), oder zu Ostern *Auf, auf mein Herz, mit Freuden nimm wahr, was heut geschieht* (EG 112,1).

Doch dieses Osterlied ist weder im württembergischen Aufklärungsgesangbuch noch im Mylius enthalten. In Nikolaus Hermans Weihnachtsklassiker *Lobt Gott, ihr Christen alle gleich* heißt es in der letzten Strophe statt *Heut schleußt er wieder auf die Tür* jetzt: *Er öffnet uns dereinst die Thür zu seinem Himmelreich.*[20] – Dereinst, irgendwann, aber jedenfalls nicht heute!

2.2. Israel

Israel ist zu Gerhardts Zeiten im Gegensatz zu heute ein eher marginales Thema. Von dem epochalen Paradigmenwechsel im Verhältnis der christlichen Kirchen zum Judentum, in dem wir heute stehen, konnte Paul Gerhardt nichts wissen. Er verwendet den Israel-Namen nach damals gängiger, enterbender Auffassung als Synonym für die christliche Kirche.[21] Auffallend ist allerdings Strophe 6 von *Nun danket all und bringet Ehr* (EG 322), wo es im Original heißt: *Er lasse seinen Frieden ruhn in Israelis Land*, dann erst folgt: *er gebe Glück zu unserm Tun*[22]. Württem-

---

[20] Mylius, Nr. 76,8.
[21] »Israel« kommt in Gerhardts Oeuvre neunmal vor, also vergleichsweise selten, in den Gerhardt-Liedern des EG sogar nur ein einziges Mal (EG 477,7).
[22] Paul Gerhardt, Wach auf, mein Herz, und singe. Vollständige Ausgabe seiner Lieder und Gedichte. Herausgegeben von Eberhard von Cranach-Sichart, neu herausgegeben von Christian Bunners, Wuppertal 2004, 96,6.

berg hatte es so noch im sogenannt pietistischen Gesangbuch von 1741![23] Dann aber kam mit dem Aufklärungsgesangbuch von 1791 die Bearbeitung: *Er lasse seinen Frieden ruhn auf unserm Vaterland!*[24] Die bis zum heutigen Gesangbuch EG selbstverständliche und deshalb nicht weiter wahrgenommene Verschweigung Israels an dieser Stelle, auch wenn Gerhardt selbst nicht das jüdische Israel gemeint haben dürfte, ist ein Produkt der Aufklärungszeit! So verfährt auch Albert Knapp 1837 in seinem *Liederschatz*,[25] ebenso die württembergischen Gesangbücher von 1841/42,[26] von 1912,[27] dann das DEG (Thüringen 1935) mit *auf unserm Volk und Land*,[28] natürlich *in unserm Volk und Land* die Gesangbücher der Deutschen Christen *Lieder der kommenden Kirche* 1938,[29] *Gesangbuch der kommenden Kirche*,[30] *Großer Gott, wir loben dich* 1941,[31] und schließlich nach 1945 auch EKG[32] und EG.[33]

Allerdings hat Gerhardts theologisches Denken dem traditionellen und aus heutiger Sicht antijüdischen Mainstream entsprochen, für besondere antijüdische Ausfälle ist er aber nicht bekannt.[34] Auffällig ist

---

[23] *Würtembergisches Gesang-Buch, Enthaltend eine Sammlung reiner und kräftiger Lieder*, Stuttgart 1741, Nr. 282,6 (VD18 12991414).

[24] Wie Anm. 2, Nr. 450,6.

[25] Albert Knapp, *Evangelischer Liederschatz für Kirche und Haus. Eine Sammlung geistlicher Lieder aus allen christlichen Jahrhunderten, gesammelt und nach den Bedürfnissen unserer Zeit bearbeitet*, Stuttgart/Tübingen 1837, Zweiter Band, Nr. 1956, 170.

[26] Nr. 27,6, S. 20.

[27] Nr. 24,6, S. 25.

[28] Nr. 250,6.

[29] Nr. 119,6.

[30] Nr. 68,6.

[31] Nr. 6,6.

[32] Nr. 231,6.

[33] Nr. 322,6.

[34] Im Lied *Siehe, mein getreuer Knecht* (Ausgabe von Cranach-Sichardt, Nr. 15) fragt Gerhardt in Str. 4 rhetorisch: *Denn wer glaubt im Judenland unsrer Predigt Worten? Wann wird Gottes Arm bekannt in Israels Orten?* Das würde ich

allerdings die Bitte um Frieden *in Israelis Land*, eine offensichtlich geographisch gedachte Formulierung. Ob Gerhardt an den Verhältnissen des damals unter osmanischer Herrschaft stehenden Landes der Bibel Interesse hatte, darf füglich bezweifelt werden. Ist *Israelis Land* dann nach damals üblicher Lesart als Gebiete mit christlichen Kirchen zu verstehen, also synonym für »hier«? Dass man Gerhardts Friedensbitte für das Land Israel in den Aufklärungsgesangbüchern in eine Bitte um Frieden für's eigene Land, für's Vaterland ummünzt, überrascht nicht. Bemerkenswert ist allerdings, dass das bis heute so blieb.

Die Delegiertenkonferenz der landeskirchlichen Arbeitskreise für das christlich-jüdische Gespräch (KLAK) hat im Januar 2023 eine Eingabe an die Gesangbuchkommission der EKD verabschiedet und schlägt neben einigem anderem vor, bei Gerhardts *Nun danket all und bringet Ehr* in Strophe sechs zur originalen Nennung Israels zurückzukehren, die heute mit *in Israelis Land* im Sinne einer offenen Rezeption mit hoher Wahrscheinlichkeit etwas anderes versteht als Paul Gerhardt, nämlich höchst aktuell das heutige Land Israel. Es wird sich weisen, ob die Gesangbuchkommission den Mut hat, hier zum Original zurückzukehren.

Exkurs: Krasse Ausläufer bei den Deutschen Christen

Kommen die Liedbearbeitungen der Aufklärungszeit aus der sicher redlichen oder besser: gutgemeinten Bemühung, die Tradition gegenwartskompatibel zu machen, auch wenn das oft zur Umprägung im Sinne des Zeitgeistes geführt hat, so bilden die eben schon erwähnten Gesangbücher der Deutschen Christen (DC) im Dritten Reich[35] für die seit langem selbst-

---

zwar noch nicht als bösartigen Antijudaismus beurteilen, wie sie dann etwa von Erdmann Neumeister (1671-1756) zuhauf bekannt sind, aber es zeigt, wie Gerhardt im antijüdischen Mainstream seiner Zeit schwimmt.

[35] Insbesondere: *Lieder der Kommenden Kirche*, Bremen 1938; *Gesangbuch der*

verständliche Bearbeitungspraxis ein Beispiel, bei dem die Kehrseite einer radikalen Vergegenwärtigungsstrategie in exakt gegenteiliger Intention zum vorigen Abschnitt krass zu Tage tritt. Auch die Deutschen Christen verstanden sich in ihren Gesangbuchbestrebungen als modern, auf der Höhe der Zeit, jugendlich-dynamisch, zeitgemäß.[36] Ihre Gesangbucharbeit mit dem Anspruch auf Aktualität und radikale Zeitgenossenschaft führte aber dazu, dass dann auch Kirchenlied und Gesangbuch zum Ausdruck einer nicht nur theologisch irregeleiteten Gegenwart wurden.

Wenn in den DC-Gesangbüchern sämtliche Hebraismen entfernt sind, muss man sagen, das gibt es auch schon in den Aufklärungsgesangbüchern, denn wer versteht schon Hebräisch? *Kyrieleis* kommt auch nicht vor. Es muss ja deutsch sein. Schon im Mylius enden bei Luthers *Gelobet seist du, Jesu Christ* die Strophen mit *Gelobt sei Gott* statt mit *Kyrieleis*,[37] was hebräisch allerdings *Halleluja* hieße. Was aber im 18. Jahrhundert im Dienst rascher Verständlichkeit steht, wird nun bei den Deutschen Christen wesentlicher Bestandteil des hymnologischen »Entjudungsprogramms«.

Die *Halleluja*-Strophenschlüsse im Osterlied *Erschienen ist der herrlich Tag* sind konsequent ersetzt durch *Gelobt sei Gott!*[38] Paul Gerhardts *Dein Zion streut dir Palmen und grüne Zweige hin, und ich will dir in Psalmen ermuntern meinen Sinn* (EG 11,2) lautet in *Großer Gott, wir loben dich* von 1941: *Wir brechen grüne Zweige und zünden Lichter an, viel Freud wird uns zu eigen und fängt zu blühen an.*[39] Im deutschchrist-

---

Kommenden Kirche, Bremen 1939, sowie *Großer Gott, wir loben dich*, Weimar 1941.
[36] Vgl. Heinz Hoffmann, ›Und ist kein andrer Gott‹? Bemerkungen zur Gesangbucharbeit der Deutschen Christen, in: Siegfried Hermann u. a. (Hg.), Theologie in Geschichte und Kunst. Festschrift Walter Elliger, Witten 1968, 83–93; Reijo Heinonen, Anpassung und Identität. Theologie und Kirchenpolitik der Bremer Deutschen Christen 1933–1945, Göttingen 1978, 181–199.
[37] Mylius, Nr. 68.
[38] *Großer Gott, wir loben dich*, Nr. 194.
[39] Ebd., Nr. 133,2.

lichen Bremen sollte an dieser Stelle gesungen werden: *Der Jünger Scharen streuen dir grüne Zweige hin und ich will dir erneuen zu frohem Dank den Sinn.*[40] Kein *Zion*, keine *Psalmen*, keine alttestamentlichen Namen. Im Psalmlied *Du, meine Seele, singe* beginnt die zweite Strophe im Gesangbuch der Thüringer Deutschen Christen nicht *Wohl dem, der einzig schauet nach Jakobs Gott und Heil*, sondern ... *nach seinem Gott und Heil*.[41] In *Ist Gott für mich so trete* ist ... *hilft mir das Abba schreien* geändert in ... *hilft mir zum Vater schreien.*[42] Die berühmte Opfer-Strophe 3 aus *Die güldne Sonne* heißt hier:

Lasset uns singen, dem Schöpfer bringen / Güter und Gaben, was wir nur haben, alles sei Gotte von Herzen geweiht. Die besten Güter, sind unsre Gemüter, Lieder der Frommen, von Herzen gekommen, sind es, woran Gott am meisten sich freut.[43]

Im anderen Morgenlied *Wach auf, mein Herz, und singe* fehlen die Opfer-Strophen (EG 446, 5.6) ganz.[44] Dafür wird heldisches Christentum betont, Treue, Kampf und Kameradschaft, Hingabe für's Vaterland. Keine Schwachheiten mehr, kein knechtischer Geist, nicht *Ein Lämmlein* ... (EG 83), sondern: *Mein Heiland geht und trägt die Schuld.*[45]

Wie gesagt ist vieles davon nicht neu, wurde bei den Aufklärungsgesangbüchern auch schon praktiziert, aber hier werden gerade bei popu-

---

[40] *Gesangbuch der Kommenden Kirche*, Nr. 3,2.
[41] *Großer Gott, wir loben dich*, Nr. 5,2.
[42] Ebd., Nr. 86,4.
[43] Ebd., Nr. 57,3. In Württemberg sang man allerdings schon seit 1850 *Lieder der Frommen, von Herzen gekommen, sind Weihrauch* [in den ersten Auflagen ab 1841 gegen das Versschema *Opferrauch*], *der ihn am meisten ergötzt*. (*Gesangbuch für die Evangelische Kirche in Württemberg*, Nr. 554.) Da mussten die Deutschen Christen nur noch den *Weihrauch* tilgen und ungelenk weiterdichten.
[44] Vgl. ebd., Nr. 61.
[45] Ebd., Nr. 82,1.

lären Traditionsliedern Textbearbeitungen zur hymnologischen »Endlösung der Judenfrage«.

3. Zwei gute Bekannte, aber »anders montiert«[46]

Zurück in die Aufklärungszeit. Schauen wir noch etwas genauer auf zwei gute Bekannte, *Befiehl du deine Wege* und *Fröhlich soll mein Herze springen*.

3.1. *Befiehl du deine Wege*

In das Lied brauche ich hier nicht einzuführen. Ich ziehe einen synoptischen Vergleich[47] zwischen dem Original, hier wiedergegeben nach dem Evangelischen Gesangbuch, und den Bearbeitungen im Mylius[48], dem württembergischen Aufklärungsgesangbuch von 1791[49] und dem Gesangbuch, das 1775 in Mietau[50] im damaligen Kurland herausgekommen ist,[51] dessen Version sich ebenfalls im Mylius findet. Den poetischen Erzeugnissen des kurländischen Gesangbuchmachers Christoph Friedrich Neander (1724–1802) bescheinigte immerhin Christian Fürchtegott Gellert

---

[46] Matthias Claudius, Eine Korrespondenz zwischen mir und meinem Vetter. In: Asmus omnia sua secum portans, fünfter Teil. In: Sämtliche Werke, Darmstadt [8]1996, 344.
[47] Die Textfassung des EG, mit der Edition von Cranach-Sichardt (s. u. Anm. 61) fast vollständig übereinstimmend, ist jeweils im Fließtext vor der Synopse wiedergegeben.
[48] Hier die Ausgabe: *Gesangbuch zum gottesdienstlichen Gebrauch in den Königlich Preußischen Landen*, Berlin 1781.
[49] Hier die Ausgabe: *Württembergisches Gesangbuch, zum Gebrauch für Kirchen und Schulen, von dem Königlichen Synodus nach dem Bedürfniß der gegenwärtigen Zeit eingerichtet*, Stuttgart 1819.
[50] Heute Jelgava in Lettland, 44 km südwestlich von Riga.
[51] Hier: *Das Kurländische Kirchen-Gesangbuch*, Mietau 1775, vgl. Eduard Emil Koch, Geschichte des Kirchenlieds und Kirchengesangs der christlichen, insbesondere der deutschen evangelischen Kirche, Bd. VI, Stuttgart [3]1869, 233.

»kräftige, erbauliche Simplicität«[52], allerdings sei daraus im *Kurländische[n] Kirchen-Gesangbuch* nichts geworden.[53] Gerhardts *Befiehl du deine Wege* ist darin so massiv bearbeitet, dass sogar der Mylius, der das Lied auch hat, zuerst Gerhardt bringt, einigermaßen erkennbar, und dann die Version Neanders *Christ, alles, was dich kränket*. Manchmal sind es nur Stichworte, die übernommen werden, um dann zu einem de facto ganz anderen Lied zu kommen.

EG 361,1: <u>Befiehl</u> *du deine Wege, / und was dein Herze kränkt / der allertreusten Pflege des, / der den Himmel lenkt, / Der Wolken, Luft und Winden / gibt Wege, Lauf und Bahn, / der wird auch Wege finden, / da dein Fuß gehen kann.*

Mylius 1780, Nr. 303	Wü 1791, Nr. 571	Mietau 1775/Mylius 1780, Nr. 304
1 Befiehl du deine Wege, und was dich, Seele, kränkt, der treuen Vaterpflege deß, der den Weltkreis lenkt! Der Wolken, Fluth und Winden bestimmte Ziel und Bahn; der wird auch Wege finden, die dein Fuß gehen kann.	1 Befiehl du deine wege und alles, was dich kränkt, Der treuen vaterpflege Deß, der den weltkreis lenkt. Den sternen, wolken, winden Bezeichnet er die bahn, Sollt er nicht wege finden, Wo dein fuß gehen kann?	1 Christ, alles, was dich kränket, befiehl getrost dem Herrn! Er, der die Himmel lenket, ist auch von dir nicht fern. Erwach aus deinem Schlummer, zu Gott erhebe dich! er siehet deinen Kummer, und liebt dich väterlich.
–	–	2 Sinds Sünden, die dich schmerzen, so fühle d e i n e Schuld; doch trau mit ganzem Herzen auf deines Mittlers Huld. Zu wahrer Ruhe führet die Reu, die Gott gefällt; allein den Tod gebieret die Traurigkeit der Welt.

---

[52] Koch, Geschichte (wie Anm. 51), 233.
[53] Vgl. ebd.

EG 361,2: <u>Dem Herren</u> musst du trauen, / wenn dir's soll wohlergehn; / auf sein Werk musst du schauen, / wenn dein Werk soll bestehn. / Mit Sorgen und mit Grämen / und mit selbsteigner Pein / lässt Gott sich gar nichts nehmen, / es muss erbeten sein.

Mylius 1780, Nr. 303	Wü 1791, Nr. 571	Mietau 1775 / Mylius 1780, Nr. 304
2	2	3
Dem Herrn must du vertrauen,	Dem Herrn mußt du vertrauen,	Trau Gott, nicht deinen Schlüssen,
wenn dirs soll wohlergehn;	Wenn dirs soll wol ergehn;	die Wahl des Besten zu.
auf ihn nur must du schauen,	auf sein werk mußt du schauen,	Sprich, wer wirds besser wissen,
wenn dein Werk soll bestehn.	Wenn dein werk soll bestehn.	dein Schöpfer, oder du?
Gott läßt, durch Sorg und Grämen	Er läßt durch sorg und grämen	Er weiß ja, was dir fehlet, in jedem Augenblick;
und selbstgemachte Pein,	und selbstgemachte pein	was er, dein Vater, wählet,
sich keine Wohlthat nehmen;	Sich keine wohlthat nehmen;	das dient zu deinem Glück.
sie muß erbeten seyn.	sie muß erbeten sein.	

EG 361,3: <u>Dein</u> ewge Treu und Gnade, / o Vater, weiß und sieht, / was gut sei oder schade / dem sterblichen Geblüt; / und was du dann erlesen, / das treibst du, starker Held, / und bringst zum Stand und Wesen, / was deinem Rat gefällt.

Mylius 1780, Nr. 303	Wü 1791, Nr. 571	Mietau 1775 / Mylius 1780, Nr. 304
3	3	
Dein Auge, Gott der Gnade,	O Vater aller gnade,	
sieht immer ungeschwächt,	Dir ist allein bekannt,	
was gut sey oder schade	Was gut sey oder schade	
dem sterblichen Geschlecht.	Geschöpfen deiner hand;	
Und was du dann erlesen,	Und was du dann erlesen	
dein Rath fürs Beste hält,	Zum besten deiner welt,	
bringst du zum Stand und Wesen,	Das kommt zum stand und wesen,	
wie es dir wohlgefällt.	So bald es dir gefällt.	

EG 361,4: <u>Weg</u> hast du allerwegen, / an Mitteln fehlt dir's nicht; / dein Tun ist lauter Segen, / dein Gang ist lauter Licht; / dein Werk kann niemand hindern, / dein Arbeit darf nicht ruhn, / wenn du, was deinen Kindern / ersprießlich ist, willst tun.'

Mylius 1780, Nr. 303	Wü 1791, Nr. 571	Mietau 1775 / Mylius 1780, Nr. 304
4 An wunderbaren Wegen fehlt dirs, Allweiser, nicht; dein Thun ist Gnad und Segen, dein Gang ist Recht und Licht; und wenn du deinen Kindern ein Glück hast ausersehn, wer kann dich daran hindern? du willst! es muß geschehn.	4 An mitteln und an wegen Fehlts dir, Allweiser, nicht; Dein thun ist lauter segen, Dein gang ist lauter licht; Dein werk kann niemand hindern, Wenn du entschlossen bist Zu thun, was deinen kindern Wahrhaftig nüzlich ist.	Der Gott, auf dessen Segen dein ganzes Wohl beruht, ist stets in seinen Wegen gerecht und weis' und gut. Und was er seinen Kindern zu ihrem Heil ersah, kann kein Erschaffner hindern; wenn Er gebeut, steht's da.

EG 361,5: <u>Und</u> ob gleich alle Teufel / hier wollten widerstehn, / so wird doch ohne Zweifel / Gott nicht zurücke gehn; / was er sich vorgenommen / und was er haben will, / das muss doch endlich kommen / zu seinem Zweck und Ziel.

Mylius 1780, Nr. 303	Wü 1791, Nr. 571	Mietau 1775 / Mylius 1780, Nr. 304
–	5 Und brausten alle stürme Und wetter her auf sie; Gott, unter deinem schirme Vergiengen sie doch nie! Im himmel und auf erden Kann nichts dir widerstehn; Was du gebietst, muß werden, Und was du willst, geschehn.	5 Vergeblich toben Feinde auch noch so fürchterlich; hast du nur ihn zum Freunde, ist er, dein Gott, für dich. Wer gleicht ihm? Seinen Winken gehorchen Erd und Meer; laß deinen Muth nicht sinken, dein Schirm und Schild ist er.

EG 361,6: <u>Hoff</u>, *o du arme Seele, / hoff und sei unverzagt! / Gott wird dich aus der Höhle, / da dich der Kummer plagt, / mit großen Gnaden rücken; / erwarte nur die Zeit, / so wirst du schon erblicken / die Sonn der schönsten Freud.*

Mylius 1780, Nr. 303	Wü 1791, Nr. 571	Mietau 1775 / Mylius 1780, Nr. 304
–	–	6 Gott zählet deine Zähren, und wird, was gut ist, gern auch deinem Wunsch gewähren. Harr in Geduld des Herrn ders niemals böse meinet, hoff unverzagt auf ihn; wenn seine Zeit erscheinet, wird deine Wohlfahrt blühn

EG 361,7: <u>Auf</u>, *auf, gib deinem Schmerze / und Sorgen gute Nacht, / lass fahren, was das Herze / betrübt und traurig macht; / bist du doch nicht Regente, / der alles führen soll, / Gott sitzt im Regimente / und führet alles wohl.*

Mylius 1780, Nr. 303	Wü 1791, Nr. 571	Mietau 1775 / Mylius 1780, Nr. 304
–	–	7 Ergieb dich ihm mit Freuden, Sey stark in seiner Kraft! sey auch zur Zeit der Leiden ein Christ und tugendhaft! Und dann ergreif im Glauben den Trost der Ewigkeit. Wer kann dir diesen rauben, der allen Gram zerstreut?

EG 361,8: <u>Ihn</u>, *ihn lass tun und walten, / er ist ein weiser Fürst / und wird sich so verhalten, / dass du dich wundern wirst, / wenn er, wie ihm gebühret, / mit wunderbarem Rat / das Werk hinausgeführet, / das dich bekümmert hat.*

Mylius 1780, Nr. 303	Wü 1791, Nr. 571	Mietau 1775 / Mylius 1780, Nr. 304
5	6	8
Drum, Seele, laß ihn walten! er will dein Wohlergehn und wird dich aufrecht halten; bewundernd wirst du sehn, wie gut er dich regieret, wie wunderbar sein Rath das Werk hinaus geführet, das dich bekümmert hat.	Drum, seele, laß ihn walten! Er will dein wohlergehn. Er wird auch dich erhalten; Bewundernd wirst du sehn, Wie gut er dich regieret, Wie wunderbar sein rath Das werk hinaus geführet, Das dich bekümmert hat.	Sey froh! Dein Gott regieret, sein Rath ist wunderbar; einst wirst du überführet, daß er der beste war. Will auch dein Herz oft wanken, als dächt er deiner nicht, wirst du ihm doch einst danken. Er hält, was er verspricht.

EG 361,9: <u>Er</u> *wird zwar eine Weile / mit seinem Trost verziehn / und tun an seinem Teile, / als hätt in seinem Sinn / er deiner sich begeben / und sollt'st du für und für / in Angst und Nöten schweben, / als frag er nichts nach dir.*

Mylius 1780, Nr. 303	Wü 1791, Nr. 571	Mietau 1775 / Mylius 1780, Nr. 304
6	7	9
Verzieht der Trost auch lange, den du von ihm begehrt, und wird dir oftmals bange, daß er dich nicht gehört; er wird dir Hülfe senden, wenn dus am mindsten gläubst, und alles Unglück wenden, so du ihm treu verbleibst.	Verzieht der trost auch lange, Weil's so dir heilsam ist: So werde dir nicht bange, Daß deiner Gott vergißt! Er wird nach trüben stunden, (Nur harr, o seele, sein!) Dich, den er treu erfunden, Mit seiner hilf erfreun.	Wie sollt er dein nicht denken? er, der dich kennt und liebt; nicht Trost und Glück dir schenken? er, der so gerne giebt; so gern mit seinem Segen der Menschheit Herz erfreut. Auch auf den rauhsten Wegen führt er zur Seligkeit.

EG 361,10: <u>Wird's</u> aber sich befinden, / dass du ihm treu verbleibst, / so wird er dich entbinden, / da du's am mindsten glaubst; / er wird dein Herze lösen / von der so schweren Last, / die du zu keinem Bösen / bisher getragen hast.

Mylius 1780, Nr. 303	Wü 1791, Nr. 571	Mietau 1775 / Mylius 1780, Nr. 304
–	–	10 Mit ruhigem Gemüthe verlaß auf ihn dich vest, und wiß, daß seine Güte dich ewig nicht verläßt. Er will nach einer Weile dich desto mehr erfreun; zu deinem größten Heile verzeucht er; harre sein!

EG 361,11: <u>Wohl</u> dir, du Kind der Treue, / du hast und trägst davon / mit Ruhm und Dankgeschreie / den Sieg und Ehrenkron; / Gott gibt dir selbst die Palmen / in deine rechte Hand, / und du singst Freudenpsalmen / dem, der dein Leid gewandt.

Mylius 1780, Nr. 303	Wü 1791, Nr. 571	Mietau 1775 / Mylius 1780, Nr. 304
7 Wohl dir, wohl deiner Treue! sie trägt den Sieg davon. Daß sie dich niemals reue, denk ihren großen Lohn! Nach noch so vielem Leide, das dir begegnen kann, bricht einst der Tag der Freude und ewger Ruhe an.	8 Wohl dir! denn deine treue Trägt einst den sieg davon. Daß dich dein kampf nicht reue, Denk seinen großen lohn! Gott gibt dir selbst die palmen In deine rechte hand, Und du singst freuden- psalmen Dem, der dein leid gewandt.	11 Wohl dir alsdann, du Treuer! wie groß ist einst dein Lohn! Dein Richter, dein Befreyer reicht dir die Siegeskron. Auf kurze Prüfungstage folgt ewger Preis und Dank; dann schweiget jede Klage und wird ein Lobgesang.

EG 361,12: <u>Mach End</u>, *o Herr, mach Ende / mit aller unsrer Not; / stärk unsre Füß und Hände / und lass bis in den Tod / uns allzeit deiner Pflege / und Treu empfohlen sein, / so gehen unsre Wege / gewiss zum Himmel ein.*

Mylius 1780, Nr. 303	Wü 1791, Nr. 571	Mietau 1775 / Mylius 1780, Nr. 304
8	9	–
Mach, Herr, ein frölich Ende	Mach, Herr, ein selig ende	
mit aller unsrer Noth	An aller unsrer noth.	
und reich uns deine Hände	Stärk aller müden hände,	
im Leben und im Tod.	Und laß bis in den tod	
Stets laß uns deiner Pflege	Uns allzeit deiner pflege	
und Treu empfohlen seyn;	Und treu empfohlen seyn;	
so gehen unsre Wege	So gehen unsre wege	
gewiß zum Himmel ein.	Gewiß zum himmel ein.	

In der Fassung des kurländischen Gesangbuchs finden sich immer wieder Verkürzungen der langen Paul-Gerhardt-Sätze. Ilsabe Alpermann hat in Nürnberg bei der EKD-Tagung »500 Jahre Gesangbuch«[54] eine Bemerkung gemacht, wonach die Bearbeitungen der Aufklärungszeit auch mit dem langsamen Singtempo zu tun hätten. Man habe grammatikalisch kleinere Einheiten gebraucht, um bei der extremen Langsamkeit im Singen den Zusammenhang der nicht zuletzt bei Gerhardt großen Satz-Einheiten nicht zu verlieren, also möglichst keine oder wenig Enjambements. Gleich der Eingangssatz bei *Befiehl du deine Wege* erstreckt sich ja über mehrere Zeilen, deren Zusammenhang unweigerlich verloren geht bei so langsamem Singen, dass es »langsamer nicht gedacht werden kann«, wie es beim württembergischen Choralbuchherausgeber Justin Heinrich Knecht 1799 klassisch heißt. Ich muss kurz dabei blieben, denn für einen württembergischen Hymnologen gehört es sich, wenigstens die Anfangssätze dieser Choralbuchvorrede auswendig zu beherrschen:

---

[54] Vgl. den Tagungsband Esther P. Wipfler/Andrea G. Hofmann (Hg.), 500 Jahre Evangelisches Gesangbuch. Musik – Theologie – Kulturgeschichte, Regensburg 2024.

»Der Choral ist der einfachste und langsamste Gesang, der nur gedacht werden kann. Diese Einfachheit und Langsamkeit giebt ihm nicht nur die höchste Feierlichkeit und Würde, sondern auch die anerkannteste Tauglichkeit, von einer sehr zahlreichen Menge Volks, wenn es gleich im eigentlichen Verstande nicht musikalisch ist, abgesungen zu werden. ...«[55]

Wir sehen aber in der Synopse, dass im württembergischen Gesangbuch und im Mylius bei allen Änderungen im Wortlaut das Gerhardt'sche Satzgefüge bestehen bleibt. Die Strophen des Liedes bestehen in der Regel aus zwei in sich geschlossenen Satzteilen, die auch in den Bearbeitungen erhalten bleiben. Aber Neander im Kurland baut bei großer Langsamkeit im Singen tatsächlich kürzere, zweizeilige Einheiten, z. B. bei Strophe 1:

EG 361,1	Mietau 1775/Mylius 1780, Nr. 304
Befiehl du deine Wege	Christ, alles, was dich kränket,
Und was dein Herze kränkt	befiehl getrost dem Herrn!
Der allertreusten Pflege	Er, der die Himmel lenket,
Des, der den Himmel lenkt.	ist auch von dir nicht fern.
Der Wolken, Luft und Winden	Erwach aus deinem Schlummer,
Gibt Wege, Lauf und Bahn,	zu Gott erhebe dich!
Der wird auch Wege finden,	er siehet deinen Kummer,
Da dein Fuß gehen kann.	und liebt dich väterlich.

Das Akrostichon nach Ps 37,5, berühmtes Kennzeichen dieses Gerhardt-Liedes, spielt in allen drei Bearbeitungen keine Rolle mehr – eine Verarmung.

Mir fiel noch das Stichwort *Glück* ins Auge. Bei Gerhardt kommt es durchaus vor: *von dir kommt Glück und Segen* (EG 497,1), *er gebe Glück zu unserm Tun* (EG 322,6; vgl. 497,8), wobei hier eher die Wortwurzel aus Gelingen gemeint ist, aber kaum einmal ist ein Glück *klar und reine*

---

[55] Zitiert nach Christian Möller, Kirchenlied und Gesangbuch. Quellen zu ihrer Geschichte, Tübingen 2000, 208.

(EG 371,12), und im Osterlied kann Gerhardt, wenn die Welt zürnt und Trübsal die Tage trübt, ganz dialektisch zuspitzen: *das Unglück ist mein Glück* (EG 112,5). Die dritte Strophe aus Neanders Version von Gerhardts *Befiehl du deine Wege* lässt einen fast schmunzeln: *Trau Gott, nicht deinen Schlüssen, die Wahl des Besten zu; sprich: wer wird's besser wissen, dein Schöpfer oder du?* – Glücksratgeberliteratur!

Die bei Gerhardt hintersinnig im Konjunktiv stehenden, also wirkungslos gewordenen Bemühungen des Teufels, Gott Widerstand zu leisten (EG 361,5), sind bei Neander in Mietau und bei Mylius zum *fürchterlichem Toben* der Feinde geworden, in Württemberg metaphorisch in *stürme und wetter* gewendet, denn wer nimmt im Ernst jetzt noch die Existenz des Teufels an? Stattdessen haben wir platte Klischees.[56]

Was mir bisher noch in keinem Kirchenlied begegnet ist, fand ich in Strophe 7 der Fassung im württembergischen Aufklärungsgesangbuch, mit der man also sogar Klammerbemerkungen singen kann:

> *Verzieht der trost auch lange, Weil's so dir heilsam ist: So werde dir nicht bange, Daß deiner Gott vergißt! Er wird nach trüben stunden, (Nur harr, o Seele, sein!) Dich, den er treu erfunden, Mit seiner hilf erfreun.*[57]

In der Aufklärungszeit hat man dieses Lied im Gegensatz zu anderen wie *Nun ruhen alle Wälder*[58] aber dennoch für wichtig angesehen. Das geht auch daraus hervor, dass ihm im Mylius sogar noch eine zeitgemäße, neunstrophige Version *Befiehl dem Höchsten deine Wege, und mache dich von Sorgen los!* vorausgeschickt wird, zu singen auf die Melodie *Wer nur den lieben Gott lässt walten*.[59]

---

[56] Vgl. EG 135,3; 136,4.
[57] *Würtembergisches Gesangbuch* (wie Anm. 49), Nr. 571,7.
[58] Die einschlägige Randbemerkung Friedrichs des Großen in einer Kabinettsordre – »dummes und törichtes Zeug« – ist bekannt, vgl. Möller, Kirchenlied (wie Anm. 55), 203.
[59] Mylius, Nr. 302.

3.2. Fröhlich soll mein Herze springen

Das Weihnachtslied *Fröhlich soll mein Herze springen* steht zwar im Mylius, ist dort aber nicht leicht zu finden, denn es beginnt mit anderem Incipit: *Laßt uns unserm Gott lobsingen* (Nr. 74). Bei dieser Version ist außerdem nicht ohne weiteres ersichtlich, welche Strophe welcher Originalstrophe entspricht. Es ist anzunehmen, dass hier Johann Samuel Diterich (1721-1797) ganze Arbeit geleistet hat, den Wilhelm Nelle so schön den »Geiserich unter den Gesangbuchvandalen«[60] genannt hat. Dass wir das Lied dennoch als eine Version von *Fröhlich soll mein Herze springen* ansprechen müssen, macht sich am singulären Strophenbau, an gewissen Stichworten und am Reimschema fest. Als Melodie wird das im Strophenbau einzige identische Lied *Warum sollt ich mich denn grämen* genannt. Als Vergleichsgröße nehme ich hier die bei Cranach-Sichardt (CS) abgedruckte Fassung.[61]

CS Nr. 5	Mylius Nr. 74
1 Fröhlich soll mein Herze springen	1 Laßt uns unserm Gott lobsingen!
Dieser Zeit, Da vor Freud	hoch erfreut, laßt uns heut
Alle Engel singen.	ihm Anbetung bringen!
Hört, hört, wie mit vollen Choren	In des Himmels hohe Chöre
Alle Luft Laute ruft:	stimmet ein: Gott allein,
Christus ist geboren.	unserm Gott, sey Ehre!
2 Heut geht aus seiner Kammer	2 Jeder, der sich fühlt verloren,
Gottes Held, Der die Welt	freue sich inniglich;
Reißt aus allem Jammer.	Christus ist geboren.
Gott wird Mensch, dir Mensch zugute;	Er, der König aller Wesen,
Gottes Kind, Das verbind't	steigt herab bis ins Grab,
Sich mit unserm Blute.	Sünder zu erlösen.

---

[60] Wilhelm Nelle, Geschichte des deutschen evangelischen Kirchenliedes, Leipzig/Hamburg ³1928, 254.
[61] Paul Gerhardt, Wach auf, mein Herz, und singe. Vollständige Ausgabe seiner Lieder und Gedichte. Herausgegeben von Eberhard von Cranach-Sichardt, neu herausgegeben von Christian Bunners, Wuppertal 2004, 42-46.

3 Sollt uns Gott nun können hassen,
Der uns gibt, Was er liebt
Über alle Maßen?
Gott gibt unserm Leid zu wehren
Seinen Sohn Von dem Thron
Seiner Macht und Ehren.

4 Sollte von uns sein gekehret,
Der sein Reich Und zugleich
Sich selbst uns verehret?
Sollt uns Gottes Sohn nicht lieben
Der jetzt kömmt, Von uns nimmt,
Was uns will betrüben.

5 Hätte für der Menschen Orden
Unser Heil Einen Greul,
Wär er nicht Mensch worden;
Hätt er Lust zu unserm Schaden,
Ei, so würd Unsre Bürd
Er nicht auf sich laden.

6 Er nimmt auf sich, was auf Erden
Wir getan, Gibt sich an,
Unser Lamm zu werden,
Unser Lamm, das für uns stirbet
Und bei Gott Für den Tod
Gnad und Fried erwirbet.

7 Nun er liegt in seiner Krippen,
Ruft zu sich Mich und dich,
Spricht mit süßen Lippen:
Lasset fahrn, o lieben Brüder,
Was euch quält, Was euch fehlt,
Ich bring alles wieder.

8 Ei, so kommt und lasst uns laufen;
Stellt euch ein, Groß und klein,
Eilt mit großen Haufen;

3 Wer kann Gottes Rathschluß fassen?
Aber dieß ist gewiß,
Gott kann uns nicht hassen!
Kömmt der Sohn aus freyen Trieben
zu uns her; wie sollt er
nicht die Menschen lieben!

4 Wenn er uns verworfen hätte,
nähm er dann Menschheit an,
daß er uns errette?
Des soll sich der Erdkreis freuen!
Zum Gericht kommt er nicht,
sondern zum Verzeihen.

6 Er, er will für eure Schulden
Armuth, Noth, Schmach und Tod
göttlich-groß erdulden.
Lernt den Menschenfreund erkennen
gnadenreich will er euch
seine Brüder nennen.

5 Eilt im Geist nach Bethlems Hütten
seht, was dort euer Hort
schon für euch gelitten.
Er wird niedrig euretwegen!
Welch ein Freund! er erweint
seinen Feinden Segen.

Liebt den, der vor Liebe brennet,
Schaut den Stern, Der euch gern
Licht und Labsal gönnet.

9 Die ihr schwebt in großem Leide,
Sehet, hier ist die Tür
Zu der wahren Freuden.
Faßt ihn wohl, er wird euch führen
An den Ort Da hinfort
Euch kein Kreuz wird rühren.

10 Wer sich fühlt beschwert im Herzen,
Wer empfind't Seine Sünd
Und Gewissensschmerzen,
Sei getrost, hier wird gefunden,
Der in Eil Machet heil
Die vergift'ten Wunden.

11 Die ihr arm seid und elende,
Kommt herbei, Füllet frei
Eures Glaubens Hände!
Hier sind alle guten Gaben
Und da Gold Da ihr sollt
Euer Herz mit laben.

12 Süßes Heil, laß dich umfangen,
Laß mich Dir, Meine Zier,
Unverrückt anhangen.
Du bist meines Lebens Leben;
Nun kann ich Mich durch dich
Wohl zufrieden geben.

13 Meine Schuld kann mich nicht drücken,
Denn du hast Meine Last
All auf deinem Rücken.
Kein Fleck ist an mir zu finden,
Ich bin gar Rein und klar
Aller meiner Sünden.

7 Dankt ihm, der das innre Sehnen
sehen kann! betet an!
opfert Freudenthränen !
liebt ihn, der von Liebe brennet,
traut dem Herrn, der euch gern
seine Brüder nennet!

9 Drückt euch hier so manche Plage;
euren Schmerz fühlt sein Herz,
kein Erlöster zage.
Bringet ihm an seinem Feste
Preis und Ehr! wisset, er
wählt für euch das Beste.

8 Wenn euch eure Sünden kränken,
eilt herzu, suchet Ruh!
er will sie euch schenken.
Schaut auf ihn mit Glaubensblicken!
zittert nicht! denn er spricht:
ich will euch erquicken.

10 Er verläßt euch nicht, ihr Schwachen;
mehr, als ihr, litt er hier,
euch beglückt zu machen.
Diese kurze Zeit der Leiden
und der Müh, was ist sie
gegen ewge Freuden ?

11 Jesu, du nahmst meine Bürde
gern auf dich, daß auch ich
frey und selig würde.
Wer kann deine Lieb ergründen?
Ewig soll freudenvoll
sie mein Herz empfinden.

14 Ich bin rein um deinetwillen,
Du gibst gnug Ehr und Schmuck,
Mich darein zu hüllen.
Ich will dich ins Herze schließen;
O mein Ruhm, Edle Blum,
Laß dich recht genießen.

15 Ich will dich mit Fleiß bewahren,
Ich will dir Leben hier,
Dir will ich abfahren.
Mit Dir will ich endlich schweben
Voller Freud, Ohne Zeit
Dort im andern Leben.

12 Dir, mein göttlicher Befreyer,
folg ich nach, obwohl schwach
doch um so viel treuer.
Keine Creatur, kein Leiden,
keine Noth und kein Tod
soll von dir mich scheiden.

13 Du kommst einst zum Weltgerichte!
Dann werd ich, Richter, dich
schaun von Angesichte.
Wenn da, Gott, die Sünder beben,
so werd ich deiner mich
freun und ewig leben.

Nochmal eine kleine Reihe von Beobachtungen. Ich erinnere an die anamnetische Dimension des geistlichen Singens und die *Heute*-Vokabel. Im Mylius ist die Strophe *Heute geht aus seiner Kammer* (EG 36,2) völlig unkenntlich geworden: *Jeder, der sich fühlt verloren, freue sich inniglich, Christus ist geboren*. Weil: *Kammer* und *Held* versteht ja niemand mehr.

Bei Cranach-Sichardt, Strophe 7 *Nun er liegt in seiner Krippen, ruft zu sich dich und mich* spricht Christus in wörtlicher Rede zu mir. Das geht aber auch nicht, ein Neugeborenes kann doch nicht reden und so hochtheologisch erst recht nicht. Das wäre falsch, also muss die Strophe wegbleiben.

Strophe 5 im Mylius beginnt: *Eilt im Geist nach Bethlems Hütten, seht, was dort euer Hort schon für euch gelitten*. »im Geist« meint etwa: »Stellt euch vor, wie es wäre, wenn ihr damals mit dabei gewesen wärt.« Das ist aber etwas anderes als in Gerhardts anamnetischer sechsten Strophe *Ei, so kommt, und lasst uns laufen*, vergleichbar Luthers Formulierung *Des lasst uns alle fröhlich sein und mit den Hirten gehn hinein* (EG 24,6).

Ausgehend von Gerhardts neunter Strophe *Die ihr schwebt in großem Leide, sehet, hier ist die Tür zu der wahren Freude* landen wir im Mylius banal bei *Drückt euch hier so manche Plage, euren Schmerz fühlt sein Herz, kein Erlöster zage*. Da ist der Substanzverlust auch in der poetischen Unbeholfenheit mit Händen zu greifen.

Eine Widersprüchlichkeit sehe ich in der Mylius-Fassung, wenn es am Ende der vierten Strophe Gerhardts Strophenbauerfindung nachahmend heißt *Zum Gericht / kommt er nicht, sondern zum Verzeihen*. Klingt ganz nett, aber am Ende des Liedes heißt es dann doch: *Du kommst einst zum Weltgerichte!*

Im württembergischen Aufklärungsgesangbuch fehlt das Lied ganz, denn, so der der Chefbearbeiter Georg Friedrich Griesinger (1734–1828) im Vorfeld, man hätte »manche der trefflichsten Kernlieder des alten G.s [Gesangbuchs], wie z. B.: ›Jesu, hilf siegen‹ – ›Valet will ich dir geben‹ – ›Fröhlich soll mein Herze‹ ‚als in ihrer ganzen Anlage fehlerhaft, mit fehlerhaften Gedanken und Redensarten durchwebt und keiner Verbesserung fähig' ganz weggelassen«.[62]

Demgegenüber schreibt Albert Knapp in der Vorrede zu seinem *Evangelischen Liederschatz für Kirche und Haus*, dass bei den Gesangbuchmachern, die »die Sprache durch und durch modernisirten«, mit den Liedern »eine Art von Seelenwanderung« geschah, »wobei die Geister der alten Lieder mit dem Verlust ihrer Persönlichkeit in ganz andern Leibern und Namen an's Licht traten.«[63] Schön gesagt! Um nicht immer Matthias Claudius mit seiner Sehnsucht »nach dem falschen Knopf und der schiefen Naht«[64] zu bemühen.

---

[62] Zitiert nach Koch, Geschichte (wie Anm. 51), 252.
[63] Albert Knapp, *Evangelischer Liederschatz* (wie Anm. 25), Vorrede, XXI.
[64] Claudius, ebd. (vgl. Anm. 46).

4. Fazit: eine performative Ekklesiologie

Angesichts des Verlusts der anamnetischen Dimension des Kirchenlieds[65] und seiner Vergegenwärtigungskraft, die die Gesangbucharbeit der Aufklärung im Dienst vordergründig-schneller Verständlichkeit geschwächt, wenn nicht beseitigt hat, ist auf einen dezidiert ekklesiologischen Aspekt des geistlichen Singens zu insistieren. Kirchenlieder sind nicht nur aktuelle Medien der Expression der Heutigen und Hiesigen, sondern die Heutigen und Hiesigen sind auch Medien der Expression der ganzen Kirche aller Zeiten im Medium des Liedes. Es gibt nicht nur eine Ökumene der Orte, sondern auch der Zeiten. Nirgendwo sonst als im Singen geistlicher Lieder nicht nur aller Orte, sondern auch aller Zeiten, und zwar grade nicht pauschal heutiger Befindlichkeit angepasst, kommt die Kirche aller Zeiten so direkt in eine Körpererfahrung. Das ist performative Ekklesiologie, Ekklesiologie im Vollzug.

Singen stiftet Gemeinschaft über Erfahrungsgrenzen hinweg mit Gemeinden oder Mitchristen, mit denen man verbunden ist, auch wenn sie nicht im selben Raum anwesend sind. Singen stiftet aber auch Gemeinschaft zeitübergreifend über die eigene Lebensgrenze hinweg. In den Liedern vergangener Zeiten lebt die Kirche historisch vergangener Zeiten auf, werden wir gleichzeitig mit Gemeinden und Mitchristen die – biologisch gesehen – tot sind. Wir Evangelischen tun uns mit diesem Gedanken schwerer als unsere katholischen Brüder und Schwestern, aber die *Welt, die unsichtbar sich um uns weitet*, zu der Bonhoeffer in seinem berühmten Gedicht von seiner Braut Maria von Wedemeyer angeregt worden ist,[66] ist doch eine im wahrsten Sinn des Wortes eigenartige kirchliche Wirklichkeit, und Bonhoeffer redet wohl nicht zufällig von

---

[65] Hans-Christoph Piper, Der Verlust einer Dimension. Beobachtungen zum rationalistischen Gesangbuch, JLH 16 (1971), 85–104.

[66] EG 65,6; vgl. Bernhard Leube, Das »Gute-Mächte«-Gedicht von Dietrich Bonhoeffer und Maria von Wedemeyer, in: Württembergische Blätter für Kirchenmusik 89 (5/2022), 4–9.

ihrem *Klang*. In dieser performativen Ekklesiologie gründet die eigenartige Authentizität des geistlichen Singens. Diese Authentizität zeigt sich gerade in der Überschreitung der Grenzen des Individuums, räumlich wie zeitlich. »Wenn Authentizität nicht mehr ist als die Übereinstimmung mit sich selber, dann wäre es eine Magermilchredlichkeit, von der keiner leben kann.«[67] D. h. im geistlichen Singen nehmen Menschen den Mund immer zu voll, sagen mehr, als sie von sich aus sagen könnten, schmücken sich bewusst mit fremden Federn und sind gerade darin echt und authentisch.

---

[67] Steffensky, Der Gottesdienst und seine Formen (vgl. Anm. 11), 98.

Das Schicksal der Paul-Gerhardt-Lieder auf Schleiermachers Liedblättern und im Berliner Gesangbuch 1829

Bernhard Schmidt

1. Das Berliner Gesangbuch von 1829

Berlin ist eine Gesangbuchstadt. Nach der Praxis Pietatis Melica (ab 1647), dem Porstschen Gesangbuch (ab 1709), dem Anhang zum Porst von Diterich (1765) und dem Mylius (ab 1780) stellt auch das *Gesangbuch zum gottesdienstlichen Gebrauch für evangelische Gemeinen*, 1829[1] (BG), gewissermaßen einen Meilenstein in der Gesangbuchgeschichte dar. Das BG wird als erstes offizielles Reformgesangbuch im 19. Jhd. bezeichnet.[2]

Hinter dieser Kategorisierung verbergen sich zwei Merkmale: Zum einen wurde das BG von einer Kommission erarbeitet, die einen kirchenamtlichen Auftrag hatte. Zum anderen wollte das BG zwischen den beiden Vorgängern, dem pietistisch geprägten Porst und dem rationalistisch geprägten Mylius einen Mittelweg beschreiten, indem man einerseits bewährte alte Lieder wieder aufnahm, andererseits am rationalistischen Prinzip der Verbesserung und der Verbesserbarkeit der alten Lieder festhielt. Das BG wurde 1829 nach zwölfjähriger Kommissionsarbeit vollendet und 1830 in fast allen Berliner Gemeinden eingeführt. Die Vorrede wurde

---

[1] Die Staatsbibliothek zu Berlin hat mehrere Exemplare. In der Schleiermacher-KGA, Abt. III (Predigten), Bd. 2 (hg. v. Günter Meckenstock), ist der Inhalt der 1. Auflage des Gesangbuches abgedruckt, Berlin/Boston 2015, 757–1185. S. neuerdings auch das Digitalisat https://www.digitale-sammlungen.de/en/search?query=%28Gesangbuch+zum+gottesdienstlichen+Gebrauch+f%C3%BCr+evangelische+Gemeinen%29 (Stand: 08.11.2024).

[2] So schon Philipp Dietz, Die Restauration des evangelischen Kirchenliedes, Marburg 1903, X.

von neun Herausgebern unterzeichnet, darunter von Friedrich Schleiermacher (1768-1834), der der Kommission von Anfang bis Ende angehörte, und der auf die Gestaltung des BG und seiner Lieder im Laufe der Jahre immer stärker Einfluss nahm.

Für alle Fragen zum BG, zu seinem Wesen und Werden, stellen die 1998 wiederentdeckten Protokolle der Gesangbuchs-Commission (GBC) eine unverzichtbare Informationsquelle dar, denn sie bieten nicht nur die diskutierten Redaktionsprinzipien, sondern verraten häufig auch die Bearbeiter. Zudem geben die Protokolle in vielen Fällen Auskunft über inhaltliche Diskussionen[3], die uns Spekulationen ersparen und triftige Begründungen für erfolgte Textveränderungen liefern.

Kurz zur Entstehung des Gesangbuchs. Das BG gehörte zum Reformpaket der preußischen Kirche, zusammen mit der Union, der Synodalverfassung und der preußischen Agende. An allen »Fronten« kämpfte auch Schleiermacher – gegenüber dem preußischen König Friedrich Wilhelm III. mal mehr, mal weniger loyal. Die Wahl der GBC-Mitglieder fand auf der 8. Tagung der Berliner Kreissynode am 10.12.1817 statt. Schleiermacher kandidierte für die reformierte Seite und wurde gewählt, fuhr aber mit 21 Stimmen das schlechteste Wahlergebnis ein. Zur GBC gehörten außerdem die Pröpste Hanstein und Ribbeck, Konsistorialrat Ritschl, Superintendent Küster und der reformierte Prediger Wilmsen. Wenig später stießen noch der reformierte Hofprediger Theremin, der reformierte Superintendent Marot und der lutherische Direktor Spilleke dazu. Im Jahre 1818 verständigte man sich über die Redaktionsprinzipien, ab Februar 1819 traf man sich jeden zweiten Dienstag, später wöchentlich, bei einem der Mitglieder zuhause und ging in der ersten Runde (bis Ende 1822) die so genannten alten Lieder (bis Anfang des 18. Jhds.) durch. Darunter fielen auch die Paul-Gerhardt-Lieder. Unter den 876 Titeln im Ge-

---

[3] Vgl. Bernhard Schmidt, Lied – Kirchenmusik – Predigt im Festgottesdienst Friedrich Schleiermachers. Zur Rekonstruktion seiner liturgischen Praxis, Berlin/New York 2002, 173-263 und 522-721. Für die Arbeit von Ilsabe Seibt, siehe Anm. 4, standen die Protokolle noch nicht zur Verfügung.

sangbuch finden sich dann letztlich 28 unterschiedlich textgetreu wiedergegebene Gerhardt-Lieder.

2. Paul-Gerhardt-Lieder im Berliner Gesangbuch von 1829

Hier die Liste der Paul-Gerhardt-Lieder im BG nach dem Register in der Monographie zu diesem Gesangbuch von Ilsabe Seibt.[4] Seibt zählt 30 Gerhardt-Lieder, darunter einige mit verändertem Initium.

1. *Auf, auf, mein Herz mit Freuden*
2. *Auf, Christen, bringet Preis und Ehr'*
   (orig. *Nun danket all und bringet Ehr*)
3. *Auf den Nebel folgt die Sonn'*
4. *Befiehl du deine Wege*
5. *Du, meine Seele, singe*
6. *Ein Lämmlein geht und trägt die Schuld*
7. *Gieb dich zufrieden und sei stille*
8. *Gottlob, es ist erschollen*
9. *Herr, der du vormals hast dein Land*
10. *Ich bin Gottes, Gott ist mein* (2 Strophen aus: *Schwing dich auf zu deinem Gott*)
11. *Ich, der ich oft in tiefes Leid*
12. *Ich hab' in Gottes Herz und Sinn*
13. *Ich singe dir mit Herz und Mund*
14. *Ich steh an deiner Krippe hier*
15. *Ich weiß, daß all' mein Werk und Tun*
    (orig. *Ich weiß, mein Gott, daß all mein Tun*)

---

[4] Ilsabe Seibt, Friedrich Schleiermacher und das Berliner Gesangbuch von 1829, Göttingen 1998, das Titel-Register nach Dichtern hier 276 ff., P. Gerhardt 283 f. Anders als bei Seibt ist hier die Orthographie des Gesangbuchs beibehalten.

16. Ist Gott für mich, so trete
17. *Mein Herz, gieb dich zufrieden
18. Nun danket All' und bringet Ehr'
19. Nun laßt vor Gott uns treten (orig. *Nun laßt uns gehn und treten*)
20. Nun ruhet in den Wäldern (orig. *Nun ruhen alle Wälder*)
21. O Haupt voll Blut und Wunden
22. O Jesu Christ, mein höchstes Gut
    (orig. *O Jesu Christ, mein schönstes Licht*)
23. O Welt, sieh hier dein Leben
24. Sollt' ich meinem Gott nicht singen?
25. Wach' auf, mein Herz, und singe
26. Warum sollt' ich mich denn grämen?
27. Warum trauerst du so sehr (orig. *Nicht so traurig, nicht so sehr*)
28. Wie soll ich dich empfangen
29. Wohl dem Menschen, der nicht wandelt
30. Zeuch ein zu deinen Thoren

Zu Seibts Zählung ist zu sagen, dass *Nun danket all und bringet Ehr* zweimal gezählt wird, wobei *Auf, Christen, bringet Preis und Ehr* eine Adaption des Gerhardt-Liedes aus dem Mylius darstellt, und dass *Mein Herz gib dich zufrieden* von J. A. Freylinghausen stammt.[5] Außerdem ist das Lied *Schwing dich auf zu deinem Gott* mit zwei Strophen stark fragmentiert. Wir können also insgesamt von 28 Paul-Gerhardt-Liedern ausgehen. Zum Vergleich: Porst in der Version ab 1723 hatte 71 Gerhardt-

---

[5] Hier ist Seibt Küster auf den Leim gegangen, der das Lied fälschlicherweise Gerhardt zuweist, vgl. die Gerhardt-Lieder in S. C. G. Küster, Kurze lebensgeschichtliche Nachrichten von den Verfassern der Lieder des neuen Berliner Gesangbuches, Berlin 1831. – Vgl. aber Johann Anastasius Freylinghausen, *Neues Geist=reiches Gesang=buch*, Halle 1714, Nr. 450. Autor ist der Gesangbuch-Herausgeber selber. (S. den Nachweis in der kritischen Edition, hg. v. Dianne Marie McMullen und Wolfgang Miersemann, Bd. II,3 (Berlin 2020), 523.

Lieder, Mylius 1780 mindestens 12. Uns interessiert, welche Lieder im BG stehen, mit welcher Strophenzahl, Textgestalt und Melodie.

Wir wissen aus den Protokollen bzw. Liederlisten der GBC, dass weitere Gerhardt-Lieder geprüft, doch dann verworfen oder bei der Revision aussortiert wurden. Dabei handelt es sich um folgende Titel:

Das ist mir lieb, dass Gott mein Hort / Der Herr, der aller Enden / Du bist ein Mensch, das weißt du wohl / Fröhlich soll mein Herze springen / Ich bin ein Gast auf Erden / Ich preise dich und singe / Mein Gott, ich hab mir gar fest gesetzet für / Nach dir, o Herr, verlanget mich / O du allersüßte Freude / O Gott, mein Schöpfer, edler Fürst / O Jesu Christ, dein Kripplein ist / Sei fröhlich alles weit und breit / Sei mir tausendmal gegrüßet / Was Gott gefällt, mein frommes Kind

Zu den Verlierer-Titeln nur dies: Wir wissen, dass Schleiermacher sich um das Weihnachtslied *Fröhlich soll mein Herze springen* bemüht hatte.

2.1. Zum Prozess der Liedbearbeitungen

Generell ist interessant, wer ein Lied bearbeitet hat, weil davon auch die Qualität der Bearbeitung abhängig ist. Hier die Liste der aufgenommenen Paul-Gerhardt-Titel (mit BG-Nummer) und jeweiligem Bearbeiter:

1. *Auf, auf, mein Herz mit Freuden* (211) Ritschl
2. *Auf den Nebel folgt die Sonn* (568) Ritschl
3. *Befiehl du deine Wege* (573) unbekannt, kaum verändert[6]
4. *Du, meine Seele, singe* (646) Küster
5. *Ein Lämmlein geht und trägt die Schuld* (169) Küster
6. *Gieb dich zufrieden und sei stille* (595) Küster
7. *Gottlob, es ist erschollen* (853) Küster
8. *Herr, der du vormals hast dein Land* (855) Theremin

---

[6] Vgl. Schmidt, Lied (wie Anm. 3), 704.

9. *Ich bin Gottes, Gott ist mein* (602) Ritschl
10. *Ich, der ich oft in tiefes Leid* (654) Ritschl
11. *Ich hab' in Gottes Herz und Sinn* (605) Küster
12. *Ich singe dir mit Herz und Mund* (655) Wilmsen
13. *Ich steh' an deiner Krippe hier* (138) Ritschl
14. *Ich weiß, daß all mein Werk und Tun* (81) Küster
15. *Ist Gott für mich, so trete* (438) Küster
16. *Nun danket All' und bringet Ehr'* (660) Marot
17. *Nun laßt vor Gott uns treten* (833) Wilmsen
18. *Nun ruhet in den Wäldern* (819) Theremin
19. *O Haupt voll Blut und Wunden* (191) Theremin
20. *O Jesu Christ, mein höchstes Gut* (548) Ritschl
21. *O Welt, sieh hier dein Leben* (196) Marot
22. *Sollt' ich meinem Gott nicht singen?* (665) Theremin
23. *Wach' auf, mein Herz, und singe* (806) Küster
24. *Warum sollt' ich mich denn grämen?* (627) Marot
25. *Warum trauerst du so sehr* (628) Wilmsen
26. *Wie soll ich dich empfangen* (157) Wilmsen
27. *Wohl dem Menschen, der nicht wandelt* (715) Marot
28. *Zeuch ein zu deinen Thoren* (286) Marot

Die Kenntnis der federführenden Bearbeiter gibt uns die Möglichkeit zu differenzieren. Es gab behutsamere Redaktoren wie Ritschl und stürmischere wie Küster oder Wilmsen. Freilich wurden die vorgelegten Fassungen oft noch diskutiert und modifiziert, außerdem wurde der Gesamtentwurf des BG einer doppelten Prüfung unterzogen, durch das Konsistorium und das Ministerium. Dabei fällt auf, dass die Gerhardt-Lieder zwar nicht unantastbar waren, aber dass sie schon damals in der kirchlichen Praxis einen gewissen Schutz genossen. So moniert das Konsistorium nach Einreichung des Manuskripts 1827, dass »Kernlieder, welche bei allen Gemeinden, ohne Ausnahme in einem kanonischen Werthe stehen, z. B. Befiehl du deine Wege p, O Haupt voll Blut und Wunden pp u. a. m.« nicht unverändert aufgenommen worden seien.[7] Zumindest *Befiehl du deine Wege* ist nahezu original ins BG eingegangen.

Doch die GBC hatte sich auch selbst Regeln gegeben, die alle Kommissionsmitglieder mehr oder weniger einhielten bzw. sich in den Kommissionssitzungen gegenseitig daran erinnerten.

Die wichtigste philologische Maxime betraf den Satzbau. Es sollte keine Versüberschreitungen geben. Man bemühte sich um eine Verbesserung des Sprachflusses und der Sangbarkeit, um Straffung und Glättung. Eine weitere Maxime war das klassizistische Prinzip der »Veredelung«. Dies führte zur Reduktion und Reinigung von Metaphern, man bemühte sich um Angemessenheit und Korrektheit der Bildsprache. Häufig wurden barocke Naturalismen beseitigt. Es ging um die Herstellung von Allgemeingültigkeit und zeitenthobener Klassizität. Das Bemühen um Allgemeingültigkeit schloss Konkretheit aus, das Bemühen um Klassizität führte zwangsläufig zu einer weitgehenden Entbilderung der Texte. Während poetisch bedingte Wiederholungen gern beseitigt wurden, bemühte man sich möglichst um Beibehaltung der Liedanfänge.

2.2. Theologische Prämissen bei der Liedbearbeitung

Während man sich an das Postulat aus der Vorrede zum BG (IV), »von den verschiedenen Auffassungsweisen der christlichen Glaubenslehre keine ausschließlich zu begünstigen, aber auch keiner ihre Stelle zu verweigern« weitgehend hielt, indem sowohl Lieder orthodoxer, pietistischer als auch rationalistischer Herkunft aufgenommen wurden, konnte man sich auf einige dogmatische Korrekturen einigen: die Beseitigung von Anthropomorphismen, die Eliminierung bzw. Entmythologisierung des Teufels, des Zornes Gottes und der ewigen Verdammnis. Letztere tragen vor allem Schleiermachers Handschrift. Zu vergleichen ist sein Sendschreiben an Ritschl (1830): »Aber der Zorn Gottes, wiewol ich von einer

---

[7] Vgl. Schmidt, Lied, ebd. 180. Im Folgenden werden nur die Zitate nachgewiesen, nicht alle Informationen aus den Gesangbuchakten.

Lehre vom Zorn Gottes noch niemals habe reden hören, und der Teufel und die ewige Verdammniß! Immerhin, wenn Sie es mir abtreten wollen, ich will alles auf mich nehmen was wir hieran gestrichen gemildert und abgedämpft haben ...«[8] Trotz der benannten Toleranz ging es um eine Standardisierung der Liedtexte auf der Basis einer aufgeklärten evangelischen Normaltheologie. Man bemühte sich um Gemeindegemäßheit eingedenk der schlechten allgemeinen Bibelkenntnisse. Noch einmal Schleiermacher im Sendschreiben an Ritschl: »... habe ich wirklich allein den Anspielungen auf prophetische Stellen den Krieg gemacht, die wir strichen, wieder weil wir unsere Gemeinen nichts wollten singen lassen was sie nicht verstehn, indem wir überzeugt waren daß unter Hunderten nur Einem die Beziehung einfallen könnte, für die Neun und neunzig aber gar nichts übrig blieb?«[9]

2.3. Die Umsetzung bei den Paul-Gerhardt-Liedern

Ich gehe nur auf diejenigen Lieder ein, die im BG 1829 stehen und teile sie in drei Kategorien ein, die natürlich nicht scharf voneinander getrennt werden können:

1) fast original erhalten gebliebene
2) maßvoll veränderte
3) unkenntlich gemachte

---

[8] Friedrich Schleiermacher, Ueber das Berliner Gesangbuch. Ein Schreiben an Herrn Bischof Dr. Ritschl, KGA I/9 Kirchenpolitische Schriften (hg. v. Günter Meckenstock), Berlin/New York 2000, 473–512, hier 484. Es ist auch eine Predigt über 2Kor 5,17f. überliefert, die diesem Thema gewidmet ist und den Titel trägt: »Daß wir nichts vom Zorne Gottes zu lehren haben«. Schleiermacher begründet seine These damit, dass der Geist des Christentums und das Amt der Versöhnung (2Kor 5,19) den Zorn Gottes ausschlössen und dass auch Jesus nie vom Zorn Gottes gesprochen habe. Vgl. KGA III/2 (hg. v. G. Meckenstock), Berlin/Boston 2015, 388–400.

[9] F. Schleiermacher, Ueber das Berliner Gesangbuch, 484.

Zur ersten Kategorie zählt *Befiehl du deine Wege*, das womöglich erst auf Intervention des Konsistoriums 1827 in die Liederliste aufgenommen wurde. Wer die zarten Bearbeitungen vorgenommen hat, wissen wir nicht. Ein ebenfalls fast unverändert gebliebenes Lied ist das von Ritschl eingebrachte *Ich, der ich oft in tiefes Leid*. Zugleich in Kategorie eins und drei gehört das Lied *Ich bin Gottes, Gott ist mein*, in Kategorie 1), weil es den Liedtext weitgehend unverändert bietet, in Kategorie 3), weil es von dem 17-strophigen Lied *Schwing dich auf zu deinem Gott* nur die Strophen 13 und 16 bringt und demzufolge ein verändertes Incipit aufweist. Eingebracht und bearbeitet wurde das Lied von Ritschl.

Es gibt weitere Gerhardt-Lieder mit verändertem Incipit [s. o.], z. B. *O Jesu Christ, mein höchstes Gut* – orig. *O Jesu Christ, mein schönstes Licht*. Solche Änderungen des Initiums, gerade bei Gerhardt-Liedern, waren allerdings immer umstritten. Protokoll vom 8.11.1821: »Hr. Ritschl trug vor: O Jesu Christ mein schönstes p [548*][10] ein Paul Gerhardsches Lied von 16 Versen, welche auf 10 reducirt waren. – Die Veränderung des Anfangs: ›mein höchstes Gut‹ für: ›mein schönstes Licht‹ wurde von Hrn. Ribb. gemißbilligt, u man berathschlagte lange, um einen angemessenen Anfang zu finden. Um 8 Uhr beendigt.«[11] Am Ende blieb es allerdings bei dem veränderten Titel (*Herr Jesu Christ, mein höchstes Gut* mit 7 Strophen).

Völlig entstellt und darum klar in Kategorie 3) gehört die Version von *Nun danket all und bringet Ehr* mit dem Titel *Auf, Christen, bringet Preis und Ehr'*, Bearbeiter war Wilmsen. Freilich handelt es sich um eine Übernahme aus dem Mylius (1780).[12] Hier gibt es allenfalls noch entfernte thematische Anklänge an das Original.

---

[10] Die Zahlen in eckigen Klammern bezeichnen die Liednummern im BG. Der Asterix * bedeutet, dass das Original-Incipit geändert worden ist.
[11] Schmidt, Lied, ebd. (wie Anm. 3), 612.
[12] *Gesangbuch zum gottesdienstlichen Gebrauch in den Königlich Preußischen Landen*, Berlin (Mylius) 1780, Nr. 3.

Bei den Liedern der Kategorie 2) sind verschiedene Änderungsmaßnahmen zu beobachten. Zuerst die Kürzungen: Von den 28 Paul-Gerhardt-Liedern im BG sind sechs komplett übernommen, bei sechs Liedern fehlt nur eine Strophe. Die restlichen 16 Lieder haben zwei oder mehr Strophen verloren. Die stärksten Kürzungen erfuhren die Lieder *Schwing dich auf* (2 von 17) sowie *Auf den Nebel folgt die Sonn* (6 von 15) und *Ich steh an deiner Krippen hier* (7 von 15).

Eine interessante Technik stellt die Kompilation von Strophen dar, die wir vor allem von Schleiermacher kennen. Hier wird Textmaterial aus verschiedenen Strophen zu einer Strophe verschmolzen. Ein Beispiel aus dem Protokoll der GBC vom 5. 5. 1819:

»Derselbe [Küster] las eine Bearbeitung des P. Gerhardschen Liedes: Du bist ein Mensch, das weisst du wohl welche von 18 Versen nur 7 beibehielt. Auch Hr. Dr. Schleiermacher las eine Bearbeitung desselben Liedes, welche nur aus 6 Versen bestand, u sich dem Urtext mehr, als jene, anschloß, auch eine sehr zweckmäßige Versetzung [der] Verse hatte, u eine Verschmelzung des 1ten u 2ten Verses. Doch wurde man zuletzt eins, daß dieses Lied keine Umänderung vertrage, sondern nur eine Auswahl der kräftigsten Verse, u eine andere Anordnung derselben, so daß V. 11 auf V. 2 folgt, u zwar mit Benutzung der zweiten Hälfte des 13ten Verses, nach dem Vorschlage des Hrn. D. Schl.«

Dann folgte V. 7. »Heb auf dein Haupt, zur Hälfte, u V. 4 die 2te Hälfte damit verbunden. Dann V. 3., V. 12 u V. 18, diesen mit der Umänderung: So lege dich denn als ein Kind in deines Vaters Arme, u fleh ihn, der so treu gesinnt, daß / bis er sich dein erbarme p.«[13]

Ähnlich am 30.11.1820:

---

[13] Schmidt, Lied, ebd. 553f. Bei der Revision wurde das Lied gestrichen und kam nicht ins BG.

»Hr. Küster trug vor das P. Gerhardsche Ist Gott für mich so trete p. [438] u hatte die 15 Verse auf 9 zurückgebracht. - Im 3ten Verse wurde die 2te Hälfte auf Hrn. Schl. Antrag wieder hergestellt, welche der Bearb[eiter] umgeändert hatte. Von dem 4ten Verse war die erste u vom 5ten die zweite Hälfte zu Einem Verse vom Bearb[eiter] verbunden. Auf Hrn. Ribbecks Antrag wurde die schon beliebte Verschmelzung des 7ten u 8ten Verses zurückgenommen, doch {51} das Abba machte so viel Schwierigkeit, u es mußte bei der Verschmelzung bleiben.«[14]

Diese Protokollnotizen zeigen Schleiermacher einerseits als eifrigen Verkürzer, andererseits - neben Propst Ribbeck - auch als Anwalt des Urtextes.

Ein besonderes Augenmerk der GBC galt dem Versmaß. Versüberschreitungen (Enjambements) sollten um jeden Preis vermieden werden, die syntaktischen Sinneinheiten sollten also den Verszeilen angepasst werden. Dies hat, wie gesehen, auch zu Änderungen von Anfangszeilen geführt. Man kann diese Eingriffe leicht kritisieren, muss sie aber im Kontext des liturgischen Gebrauches sehen, da die singende Gemeinde während der teilweise langen Zeilenzwischenspiele der Orgel schnell den »roten Faden« verlieren konnte. Hier zwei Beispiele.

In *Ich singe dir mit Herz und Mund* heißt es in Str. 8: *Du nährest uns von Jahr zu Jahr, bleibst immer fromm und treu / und stehst uns, wenn wir in Gefahr / geraten, treulich bei.* Wilmsen stellt um: *Du nährest uns von Jahr zu Jahr, bleibst immer fromm und treu, beschirmst uns gnädig in Gefahr / und stehst uns treulich bei.* (BG 655)

In *Ich weiß, mein Gott, dass all mein Tun* war im Zuge der Verflüssigung bereits das Initium umgestellt worden zu: *Ich weiß, dass all mein Werk und Tun* (BG 81). Hier heißt es in Str. 9:

Prüf alles wohl, und was mir gut, / das gib mir ein; was Fleisch und Blut / erwählet, das verwehre; / der höchste Zweck, das beste Teil / sei

---

[14] Schmidt, Lied, ebd. 591 f.

deine Lieb und Ehre. Küster: *Gieb du mir ein, was recht und gut, damit ich nicht auf Fleisch und Blut / bei meinem Wollen höre; mein höchster Zweck, mein bestes Theil / sey deine Lieb' und Ehre.*

Kann man solche Eingriffe vielleicht noch nachvollziehen, fehlt uns für die Beseitigung von Wortspielen jegliches Verständnis. Ein Beispiel aus *Ich steh an deiner Krippen hier* (BG 138,2): *Du hast mit deiner Lieb erfüllt / mein Adern und Geblüte, / dein schöner Glanz, dein süßes Bild / liegt mir ganz im Gemüte. / Und wie mag es auch anders sein: / Wie könnt ich dich, mein Herzelein, / aus meinem Herzen lassen!* Ritschl rezensiert: *Du hast mich ganz und gar erfüllt mit deiner Lieb' und Güte; dein hoher Glanz, dein göttlich Bild liegt stets mir im Gemüthe. Und wie könnt' es auch anders seyn? Wie könnt' ich deinen Gnadenschein aus meinem Herzen lassen?«* (BG 138)

Das Beispiel zeigt zugleich eine Aversion der Bearbeiter gegen barocke Verspieltheiten wie gegen den Gebrauch von Diminutiven.

Eine weitere Baustelle waren doppelte Verneinungen. So wurde etwa der starke Ausdruck aus Str. 8 von *Warum sollt ich mich denn grämen*: *Kann uns doch kein Tod nicht töten* von Marot abgemildert in: *Kann mich doch der Tod nicht tödten* (BG 627,8).

Allerdings konnten sich die »Verbesserer« auch nicht immer durchsetzen. So vermerkt das Protokoll vom 2.1.1823: »Ein Lämmlein geht u[nd] trägt p. Man blieb lange über den Anfang uneins, indem eine Stimme den alten Anfang, eine das Gotteslamm u Einige ‚Ein Lamm geht hin u trägt die Schuld' wollten. Zuletzt wurde auf Hrn. Pr[opst] Ribb. Antrag das Alte beibehalten als das dem Ton des ganzen Liedes angemessenste.«[15]

Viel Raum nahm die sogenannte Veredelung[16] der Texte ein, der keineswegs nur Naturalismen und drastische Ausdrücke, wie z. B. der *Kot* in *Du, meine Seele, singe* (Str. 3) zum Opfer fielen *(Was Mensch ist, muss erblassen / und sinken in den Tod; / er muss den Geist auslassen, / selbst*

---

[15] Vgl. Schmidt, Lied, ebd. 631 f.
[16] Vgl. z. B. das Protokoll vom 4.10.1821, in Schmidt, Lied, ebd. 610.

werden Erd und Kot)[17], sondern auch biblische Bilder und Fremdworte: *Wach auf, mein Herz und singe*, Str. 6: *Du willst ein Opfer haben, / hier bring ich meine Gaben: / Mein Weihrauch und mein Widder / sind mein Gebet und Lieder.* Küster beseitigt Weihrauch und Widder als zu speziell: *Du willst ein Opfer haben: was bring' ich dir für Gaben? Ich fall' in Demuth nieder und bring' Gebet und Lieder.* (BG 806) Auch das biblische »Abba« aus Röm 8 blieb nicht unwidersprochen: *Ist Gott für mich, so trete*, Str. 7: *Sein Geist wohnt mir im Herzen, / regiert mir meinen Sinn, / vertreibet Sorg und Schmerzen, / nimmt allen Kummer hin; / gibt Segen und Gedeihen / dem, was er in mir schafft, / hilft mir das Abba schreien / aus aller meiner Kraft.* Küster nahm Anstoß am »Abba« und dichtete um: *Sein Geist wohnt mir im Herzen, regieret meinen Sinn, vertreibt mir Sorg' und Schmerzen, nimmt allen Kummer hin; und wenn sich hier und dorten Gefahr und Schrecken find't, vertritt er mich in Worten, die unaussprechlich sind.* (BG 438,5) Mit den Bildern verschwanden oft auch die Sinnbilder, vielen Redaktoren fehlte das Gespür für die barocke Emblematik, z. B. in *Nun ruhen alle Wälder*, nach Theremin: *Nun ruhet in den Wäldern* (BG 819).

Ebenfalls zum Ideal einer zeitenthobenen Klassizität gehörte die Vermeidung von Konkretion. So lesen wir im Protokoll vom 27.4.1820: »In Ansehung des Friedensliedes: Gottlob es ist erschollen p. [853] wurde die Frage: ob Deutschland oder Vaterland stehen solle, nochmals vorgebracht, allein da plurima bereits vor 14 Tagen für das erste entschieden hatten, so gieng man zur Tagesordnung über.« Es blieb nicht dabei. Am 8.3.1827 heißt es: »Bei dieser Gelegenheit wurden noch in mehreren Liedern kleine Flecken getilgt, u unter andern auch ›Deutschland‹ in dem Gerhard'schen Friedensliede: Gottlob nun ist erschollen [853] in ›Vaterland‹ verwandelt.«[18]

Ein weiteres Merkmal der klassizistischen Kirchenliedästhetik war eine steife Feierlichkeit, die Humor und Lachen ausschloss. In Gerhardts

---

[17] Die Strophe ist in BG 646 ausgelassen, wie auch heute in EG 302.
[18] Schmidt, Lied, ebd. 567 und 711.

Osterlied *Auf, auf, mein Herz, mit Freuden* heißt es in Str. 6: *Die Welt ist mir ein Lachen / mit ihrem großen Zorn, / sie zürnt und kann nichts machen, / all Arbeit ist verlorn* ... Ritschl beseitigt das Lachen: *Nun mag die Welt mich hassen, mit ihrem Zorn mir drohn und, bin ich ganz verlassen, mich schmähn mit bittrem Hohn* ... (BG 211).[19] Die Ablehnung des Lachens betraf natürlich nicht nur den lachenden Menschen, sondern erst recht den lachenden Gott.[20]

Daher nun zu den explizit theologisch begründeten Texteingriffen. Sehr empfindlich war die GBC bei allen Anthropomorphismen, z. B. bei der »Hand Gottes« in *Ich steh an deiner Krippen hier* (3. Str.): *Da ich noch nicht geboren war, / da bist du mir geboren / und hast mich dir zu Eigen gar, / eh ich dich kannt, erkoren. / Eh ich durch deine Hand gemacht, / da hast du schon bei dir bedacht, / wie du mein wolltest werden*. Ritschl ändert die zweite Strophenhälfte wie folgt ab: *Noch war ich nicht an's Licht gebracht, da hast du schon bei dir bedacht, wie du mein wolltest werden*. (BG 138,3) Oder Gottes Sitzen. Beispiel aus dem Protokoll: Am 15.2.1821 referiert Küster Gerhardts *Ich weiß mein Gott, daß all mein Thun*: »Die Mehrheit erklärte sich für die Weglassung des 6ten Verses; Hr. Ribb. u Hr. Marot verlangten die Beibehaltung, jedoch mit Weglassung des müßigen: ›Vom Stuhle, da du sitzest.‹ Hr. K. versprach einen Vorschlag deshalb zu thun.«[21]

---

[19] Schleiermacher selbst hatte bereits in der 4. Rede über die Religion (1799) die Unverträglichkeit von »Freude und Lachen« mit »heiliger Scheu und Ehrfurcht« postuliert, vgl. KGA I/2 (hg. v. G. Meckenstock), Berlin/New York 1984, 268.

[20] Vgl. die Protokolle vom 6.7.1820, 18.10.1821, 26.2.1824, B. Schmidt, Lied, ebd. 580, 611, 655.

[21] Vgl. Schmidt, Lied, ebd. 596. Die Strophe ist in BG 81,6 ganz umgearbeitet. Aus demselben Grund wurde auch die 5. Strophe aus Gerhardts Neujahrslied gestrichen, wo es heißt: *Also auch und nicht minder / lässt Gott uns, seine Kinder, / wenn Not und Trübsal blitzen, / in seinem Schoße sitzen*, vgl. BG 833.

Auch bei Gerhardts Personifikationen waren die Redaktoren kritisch. In *O Welt, sieh hier dein Leben* heißt Str. 13: *Ich will daraus studieren, / wie ich mein Herz soll zieren / mit stillem, sanftem Mut / und wie ich die soll lieben, / die mich doch sehr betrüben / mit Werken, so die Bosheit tut.* Im Protokoll vom 20.9.1821 ist eine halbstündige vergebliche Beratung vermerkt. Schließlich redigiert Marot: *Ich will darin erblicken, wie ich mein Herz soll schmücken mit stillem sanften Muth, und wie ich mich soll üben, aus Herzensgrund zu lieben, wenn mich verfolgt der Feinde Wuth.* (BG 196,9)

Hier sind wir an einem neuralgischen Punkt. Wie sollte man mit den zahllosen Erwähnungen und Personifikationen des Bösen umgehen? An dieser Stelle trafen rationalistische Prämissen zusammen mit Grundsätzen der Schleiermacherschen Dogmatik, insbesondere der Eliminierung des Teufels samt seiner Synonyme und Derivate sowie des Zornes Gottes und der ewigen Verdammnis.[22]

Seit Luthers Morgensegen ist der Dank für die Bewahrung vor dem Teufel Bestandteil der evangelischen Morgenlieder. In *Wach auf, mein Herz und singe* dichtet Paul Gerhardt (Str. 2): *Heut, als die dunklen Schatten / mich ganz umgeben hatten, / hat Satan mein begehret; / Gott aber hat's gewehrt.* Küster eliminiert den Satan und verharmlost: *Nur er konnt' in Gefahren mich väterlich bewahren, als mich die dunklen Schatten der Nacht umgeben hatten.* (BG 806,2) Wo Satan stehen blieb, gingen Diskussionen voraus, z. B. am 28.2.1822, wo es im Protokoll heißt: »Hr. Marot trug vor das Paul Gerhardsche: Warum sollt' ich mich denn grämen [627] Beim 6ten Verse erklärten sich 5 Stimmen für die Beibehaltung des Satans.«[23]

Zum Zorn Gottes ebenfalls ein Beispiel: In seinem Friedenslied *Gottlob, nun ist erschollen* dichtet Gerhardt: *Wir haben nichts verdienet / als schwere Straf und großen Zorn, / weil stets noch bei uns grünet / der*

---

[22] Vgl. o. 74 f. mit Anm. 8.
[23] BG 627,6: *Satans Macht und seiner Rotten ist zu schwach* ... Vgl. Schmidt, Lied, ebd. 617.

freche schnöde Sündendorn ... Küster eliminiert den Zorn Gottes: *Was hätten wir verdienet, o Herr, nach unsrer Missethat, dieweil noch immer grünet bei uns der Sünden arge Saat!* (BG 853,2)

Auch die Hölle war oft Stein des Anstoßes. In *Sollt ich meinem Gott nicht singen* heißt es (Str. 4): *Seinen Geist, den edlen Führer, / gibt er mir in seinem Wort, / dass er werde mein Regierer / durch die Welt zur Himmelspfort; / dass er mir mein Herz erfülle / mit dem hellen Glaubenslicht, / das des Todes Macht zerbricht / und die Hölle selbst macht stille. / Alles Ding währt seine Zeit, / Gottes Lieb in Ewigkeit.* Theremin entschärft: *Seinen Geist, den edlen Führer, giebt er mir in seinem Wort, daß er werde mein Regierer, meiner Seele Trost und Hort; daß er mein Gemüth erfülle mit dem hellen Glaubenslicht, das des Todes Nacht durchbricht und mein banges Herz macht stille. Alles Ding* ... (BG 665,4)

2.4. Die Melodien zu den Gerhardt-Liedern

Besonders stolz war die Gesangbuchs-Commission, dass sie viele alte Melodien reaktiviert hatte. Doch was hat das für die Paul-Gerhardt-Lieder ausgetragen? Wenn man etwa den Porst als das Berliner Normalgesangbuch vergleicht, dann ergibt sich folgender Befund: Von den 28 Paul-Gerhardt-Liedern im BG wird bei mutmaßlich 22 Liedern dieselbe Melodie wie im Porst angezeigt.[24] Die verbleibenden fünf von Porst abweichenden Lieder verweisen auf andere Lehnmelodien.[25] Dafür, dass man eine alte

---

[24] Die Unschärfe kommt daher, dass wir nicht immer genau wissen, was jeweils mit »In eigener Melodie« gemeint war. In 16 Fällen stimmt die Porstsche Melodieempfehlung mit der PPM [10]1661 überein.

[25] *Nun danket all und bringet Ehr* fehlt im Porst. – Bei folgenden Liedern weichen die Mel.-Angaben im BG vom Porst ab: *Herr, der du vormals hast* – BG 855 Mel. *Aus tiefer Not*; Porst Nr. 293 Mel. *Herr Jesu Christ, du höchstes Gut*, PPM [5]1653, Nr. 358 und PPM [10]1661, Nr. 408 haben hier eine eigene Melodie von J. H. Schein; *Ich singe dir mit Herz und Mund* – BG 655 eig. Mel.; Porst Nr. 588 *Lobt Gott, ihr Christen*, so auch PPM 1653 und 1661; *Ich steh an deiner Krippe hier* – BG 138 *Es ist gewisslich an der Zeit*; Porst Nr. 38 *Nun freut euch lieben Christen gmein*, so auch PPM 1653 und 1661; *Ist Gott für*

Originalmelodie wieder belebt hat, ist für die Gerhardt-Lieder nur *ein* mageres Beispiel beizubringen: *Warum sollt ich mich denn grämen.* BG 627 vermerkt »Eig. Melodie«. Porst Nr. 533 hat hier die Weise *Fröhlich soll mein Herze springen.* Laut Choralbuch von A. W. Bach (Nr. 225) war mit »Eigene Mel.« die von J. G. Ebeling gemeint (vgl. EG 370), allerdings in isometrischer Form. Dabei hätte es viele Chancen gegeben. Z. B. hätte man die Crüger-Weise zu *Herr, der du vormals hast dein Land* (PPM ^{5}1653, Nr. 358) wiederherstellen können oder die Crüger-Weise zu *Wie soll ich dich empfangen* bringen können, die seit 1653 in der PPM abgedruckt war (Nr. 81), statt wie bei Porst die Lehnmelodie *Valet will ich dir geben,* ebenso die eigene Melodie von Crüger zu *O Welt, sieh hier dein Leben* (PPM ^{5}1653 Nr. 135) statt der Lehnmelodie *O Welt, ich muss dich lassen,* oder die eigene Weise zu *Zeuch ein zu deinen Toren* (PPM ^{5}1653 Nr. 190) statt der Lehnmelodie *Von Gott will ich nicht lassen* wie im Porst.

Leider blieb es auch dabei, dass fröhlichen Liedern oft eine ernste Melodie zugewiesen wurde. Man hatte das Problem erkannt, aber noch nicht gelöst. Bezeichnend ist Ritschls Kommentar zu den Redaktionsprinzipien:

>»ad 6. Die Mannigfaltigkeit von Melodieen, die zu Einem Rhytmus passen, muß nicht gemindert, vielmehr bis zu einem bestimmten Punkte bewahrt werden, weil selten einmal ein späteres Lied zu dem Charakter der alten Melodie stimmt. So ist z. B. hier in Berlin nichts Unangenehmeres, als freu-

---

mich, so trete – BG 438 *Valet will ich dir geben*; Porst Nr. 527 *Herzlich tut mich verlangen,* so auch PPM 1653 und 1661; *Warum sollt ich mich denn grämen* – BG 627 Eig. Mel.; Porst Nr. 533 *Fröhlich soll mein Herze springen.* Im Unterschied zu Porst hatte PPM ^{10}1661, Nr. 353, hier die eigene Melodie von Johann Crüger geboten. Zur eigenen Melodie von *Ich singe dir mit Herz und Mund* s. das *Choral-Buch für das »Gesangbuch zum Gottesdienstlichen Gebrauch für evangelische Gemeinen«,* bearbeitet und […] herausgegeben von August Wilhelm Bach, Berlin 1830, Nr. 119, siehe https://digital.slub-dresden.de/werkansicht/dlf/2741/78 (Stand: 08.11.2024).

dige Lieder nach dem Versmaß ›Herzliebster Jesu pp‹ auf die alte elegische Melodie dieses Liedes singen zu hören. Es müssen also nach dem Bedarf des zu verfassenden Gesangbuchs mehrere neue schon vorhandene Melodieen eingeführt, in das Choralbuch aufgenommen, u. in dem Gesangbuche selbst auf eine deutliche Weise bezeichnet werden.«[26]

3. Paul-Gerhardt-Lieder aus dem Berliner Gesangbuch in Schleiermachers Gottesdiensten (1830–1834)

Bereits 1985 hat Jürgen Henkys auf ein Phänomen in Schleiermachers Gottesdiensten ab 1830 hingewiesen:[27] Seit Erscheinen des Berliner Gesangbuchs 1829 waren den (publizierten) Predigten des berühmten Berliner Theologen die Lied-Nummern aus dem BG beigegeben. Mit Hilfe dieser Angaben können Schleiermachers Früh- und Haupt-Gottesdienste auch in der BG-Ära (vom 2. April 1830 bis 2. Februar 1834) weitgehend rekonstruiert werden.[28]

An dieser Stelle interessieren nur die zum Einsatz gekommenen Paul-Gerhardt-Lieder. Die Bilanz fällt nüchtern aus. In 189 gottesdienstlichen Feiern, von denen die Predigten überliefert sind[29], begegnen bei insgesamt

---

[26] Schmidt, Lied, ebd. 530. Weitere Beispiele sind die Mel. *Christus, der uns selig macht* zu *Schwing dich auf* oder *Vater unser im Himmelreich* zu *Macht hoch die Tür* (BG 146), vgl. aber Freylinghausen Nr. 12.

[27] Jürgen Henkys, Die Lieder in Schleiermachers Gottesdiensten 1830–1834. Hinweis auf eine fällige Aufgabe, in: IAH-Bulletin 13, Groningen 1985, 18–22.

[28] Schleiermacher starb am 12.02.1834. Im Jahrbuch für Liturgik und Hymnologie 2024 wird vom Vf. der Beitrag erscheinen: Die Lieder in Schleiermachers Gottesdiensten 1830 bis 1834. Annäherung an eine fällige Aufgabe, 200–231.

[29] Zu den 189 dokumentierten Feiern zählen neben vier Kasualien (drei Trauerfeiern, eine Goldene Hochzeit) auch vier Konfirmationen (1830, 1831, 1832, 1833 – von den beiden letzten fehlen die Lieder) und eine Vorbereitung zum Abendmahl (1.10.1831). Vgl. die Predigten und Liedangaben in den Bänden

418 Liedangaben Paul-Gerhardt-Lieder nur viermal, alle im Jahr 1832. Am 11.6.1832 (Pfingstmontag) sang die Gemeinde im Hauptgottesdienst (9 Uhr) vor der Predigt aus Gerhardts Pfingstlied *Zeuch ein zu deinen Thoren* (BG 286) die Strophen 1 bis 8.[30] Am 29.7.1832 (6. Sonntag nach Trinitatis) rahmte das Lied *O Jesu Christ, mein höchstes Gut* (BG 548) die Frühpredigt (7 Uhr), indem vor der Predigt die Strophen 1 bis 6 gesungen wurden und nach der Predigt wahrscheinlich die 7. Strophe.[31] Schließlich wählte Schleiermacher im nebligen November am 4.11.1832 (20. Sonntag nach Trinitatis) vor der Frühpredigt das Lied *Auf den Nebel folgt die Sonn* (BG 568, offenbar alle sechs Strophen).[32]

Aus diesem mageren Befund darf nicht vorschnell auf eine Ablehnung der Gerhardt-Lieder durch den älteren Schleiermacher geschlossen werden. Zwar zeigt sich einerseits eine leise Bevorzugung der seinerzeit neueren Lieder durch den Dreifaltigkeitsprediger[33], wobei sich diese Vor-

---

der Schleiermacher KGA III/12 (Predigten 1830–1831, hg. v. Dirk Schmid, Berlin/Boston 2013); KGA III/13 (Predigten 1832, hg. v. D. Schmid, Berlin/Boston 2014); KGA III/14 (Predigten 1833–1834, hg. v. G. Meckenstock, Berlin/Boston 2017).

30 Vgl. KGA III/13, 291.
31 Vgl. KGA III/13, 357 und 366.
32 Vgl. KGA III/13, 509. – Dazu kam bei der Trauerfeier für Carl Friedrich Zelter, Leiter der Berliner Singakademie, am 18.5.1832 der Choral *Wenn ich einmal soll scheiden*, Str. 9 von *O Haupt voll Blut und Wunden* aus der Matthäuspassion von J. S. Bach, vgl. BG 191,9), vgl. KGA III/13, 241, Fußnote zu Zeile 13.
33 Bei insgesamt 418 Liedangaben zähle ich 208 ältere und 210 neuere Lieder, wobei diese Zahlen aus mehreren Gründen vage sind, einerseits da nicht alle Predigten bzw. Gottesdienste, die Schleiermacher in dieser Zeit gehalten hat, dokumentiert sind, andererseits da nicht alle gesungenen Lieder dokumentiert sind (zu neun Gottesdiensten fehlen uns jegliche Angaben), schließlich, da die sog. alten Lieder oft in neuen, die Texte verfremdenden Bearbeitungen vorliegen. Vgl. etwa Wilmsens Version von *Allein Gott in der Höh sei Ehr*: *Gott in der Höh' sey Ehr' und Ruhm* (BG 46). Auch die im BG stehenden Luther-Lieder werden relativ selten rezipiert. Mir sind lediglich *Komm, heiliger Geist, Herre Gott* (BG 276), *Ein feste Burg* (BG 296), *Erhalt uns, Herr, bei dei-*

liebe zum neueren Lied bereits in der Liedblatt-Ära angekündigt und im Laufe der Jahre verfestigt hat. Andererseits signalisiert der Befund auch eine gewisse Distanz Schleiermachers gegenüber den Paul-Gerhardt-Bearbeitungen des BG. Ein Indiz: Bei seiner Predigt am 7.7.1833 zitiert er aus Gerhardts *Warum sollt ich mich denn grämen* ausdrücklich nicht die von Marot besorgte Lesart des BG, sondern den Urtext.[34]

4. Paul-Gerhardt-Lieder auf Schleiermachers Liedblättern

Wie gesehen hat Schleiermacher kein einziges Paul-Gerhardt-Lied für das Berliner Gesangbuch von 1829 eingebracht oder bearbeitet. Auch in den Gottesdiensten der letzten vier Jahre sind dessen Lieder rar. Doch wie sah es in früheren Jahren aus? Glücklicherweise sind aus den Jahren 1812/13 bis 1828 Liedblätter von Schleiermachers Hauptgottesdiensten überliefert, die dieser Sonntag früh um 9 Uhr in der Dreifaltigkeitskirche gehalten hat. Die Liedblätter enthalten die Texte der Lieder und auch die der Kirchenmusiken an hohen Festtagen. Insgesamt sind über 400 Liedblätter erhalten.[35] Sie folgen immer demselben Schema: Lied vor dem

---

nem Wort (BG 297) und *Mit Fried und Freud fahr ich dahin* (BG 743) sowie Luthers Bearbeitung des Te Deum (BG 651) aufgefallen.

[34] Vgl. Predigten 1833-1834, KGA III/14 (2017), 365,11-13.

[35] Vgl. Wolfgang Virmond, Liederblätter – ein unbekanntes Periodikum Schleiermachers. Zugleich ein Beitrag zur Vorgeschichte und Entstehung des Berliner Gesangbuches von 1829, in: Schleiermacher in context. Papers from the 1988 International Symposium on Schleiermacher at Herrnhut [...], edited by Ruth Drucilla Richardson, Lewiston/New York 1991, 275-293. Die Texte sind jetzt leicht zugänglich in KGA III/4 (Predigten 1809-1815, hg. v. Patrick Weiland), Berlin/Boston 2011, 695-772 (Liedblätter 1812-1816), in KGA III/5 (Predigten 1816-1819, hg. v. Katja Kretschmar) Berlin/Boston 2015 und in KGA III/11 (Predigten 1828-1829, hg. v. Patrick Weiland), Berlin/Boston 2014, 551-625 (Liedblätter 1816-1828). S. auch das Register zu den Liedblättern in KGA III/15 (Register zur III. Abteilung, hg. v. Günter Meckenstock, Berlin 2018), 597-774. Wann Schleiermacher mit dem regel-

Gebet, Lied nach dem Gebet (bzw. Kirchenmusik), Lied unter der Predigt, Lied nach der Predigt. Auf 32 Liedblättern finden wir Paul-Gerhardt-Texte, insgesamt 124 Strophen aus 21 verschiedenen Gerhardt-Liedern. Es handelt sich um folgende Titel:[36]

- *Du bist ein Mensch, das weißt du wohl* (2x)
- *Du, meine Seele, singe* (3x) BG
- *Ein Lämmlein geht und trägt die Schuld* (1x) BG
- *Gegrüßet seist du, Herr mein Heil* (1x)
- *Geh aus, mein Herz, und suche Freud* (1x)
- *Gott Vater, sende deinen Geist* (1x)
- *Ich singe dir mit Herz und Mund* (1x) BG
- *Ich steh an deiner Krippe hier* (2x) BG
- *Nun danket All' und bringet Ehr* (1x) BG
- *Nun freut euch hier und überall* (1x)
- *Nun laßt uns gehn und treten* (3x) BG
- *O Jesu Christ, dein Kripplein ist* (1x)
- *O Jesu Christ, mein schönstes Licht* (1x) BG: *O Jesu Christ, mein höchstes Gut*
- *O Welt, sieh hier dein Leben* (4x, davon zwei unsicher) BG
- *Schaut, schaut, was ist für Wunder dar* (1x)
- *Sei wohl gegrüßet, guter Hirt* (1x)
- *Sollt ich meinem Gott nicht singen* (1x) BG
- *Wie soll ich dich empfangen* (1x) BG

---

    mäßigen Druck von Liedblättern begonnen hat, 1812 oder 1813, ist nach wie vor ungeklärt.

[36] Die Aufstellung vermerkt, wo ein Lied mehrfach auf den Liedblättern begegnet und wo es in das BG aufgenommen ist. Eine Unsicherheit gibt es bezüglich der Liedblätter vom Karfreitag o. J., KGA III/4, 728, Nr. 30 und Karfreitag 1816, KGA III/11, 551. Hier ist Schleiermachers Urheberschaft fraglich. Auf diesen Liedblättern stehen jeweils acht Strophen des Gerhardt-Liedes *O Welt, sieh hier dein Leben*.

- *Wohl dem, der den Herren scheuet* (1x)
- *Wohl dem Menschen, der nicht wandelt* (1x) BG
- *Zeuch ein zu deinen Toren* (4x) BG

Von den 33 Belegen[37] entfallen 14 auf die Jahre zwischen 1812/13 und 1816, als die Liedblätter noch nicht datiert waren, 13 auf die Jahre 1817 bis 1821 und sechs Belege auf die Jahre 1824 bis 1827.[38] Unter den 21 Liedern befinden sich auch neun Titel, die nicht ins BG kamen.[39] Zu den rezipierten Liedern ist generell zu sagen, dass es sich dabei um Mindestzahlen handelt, da nicht alle Liedblätter erhalten sind. Auf weitere Entdeckungen ist zu hoffen.

Die Frage, woher Schleiermacher die Lieder nahm, ist nicht zu beantworten, da die Paul-Gerhardt-Lieder in den älteren Gesangbüchern aus der Zeit vor Beginn der Aufklärung fast gleichlautend überliefert wurden. Anzunehmen ist, dass eine Auflage der Praxis pietatis melica in Schleiermachers Bibliothek stand, auf jeden Fall Porst und Freylinghausen. Interessanterweise gibt es ausgerechnet bei Gerhardts Liedern auf den Liedblättern keinen einzigen Hinweis auf ein Quellengesangbuch, was sonst häufiger vorkommt. Dagegen taucht Paul Gerhardts Name zehnmal als Quellenangabe auf.[40] Das kann man sowohl als Wertschätzung für den Dichter verstehen wie als Erklärung für einen alten, weitgehend im Original dargebotenen Liedtext. Wahrscheinlich ist es beides.

---

[37] Die Differenz von 33 Belegen auf 32 Liedblättern erklärt sich so, dass *Du, meine Seele, singe* auf dem Liedblatt vom 16. Sonntag p. T. 1821 (KGA III/11, 592 f.) zweimal begegnet, sieben Strophen nach dem Gebet, eine nach der Predigt.

[38] Auf drei Liedblättern stehen je zwei verschiedene Gerhardt-Lieder: 1. Weihnachtstag o. J. (Nr. 5, KGA III/4, 698–700), Oculi 1818 (KGA III/5, 395 f.), 16. So. n. Trinitatis 1821 (vgl. Anm. 37).

[39] S. die Auflistung oben.

[40] Siehe als Anlage 2 z. B. das Liedblatt vom 7.10.1821, 16. Sonntag nach Trinitatis, KGA III/11, 592 f.

Hinsichtlich der Textfassungen gibt es wenig Verbindendes zwischen den Liedblättern und dem BG. Zunächst fallen von den belegten 33 Gerhardt-Titeln auf den Liedblättern 21 in die Zeit vor Beginn der Kommissionsarbeit.[41] Bei den verbleibenden zwölf Belegen haben wir es mit zehn Liedern zu tun[42], von denen sechs im BG stehen. In einem einzigen Fall – *Nun danket All' und bringet Ehr*, Neujahr 1826 – scheint es so zu sein, dass Schleiermacher sich einer Textversion bediente, die von einem Kollegen (Marot) aus dem Archiv der GBC stammte und später ins BG kam.[43] Ansonsten finde ich meine These bestätigt, dass die Liedblätter Dokumente einer individuellen Gottesdienstgestaltung sind, in der die Liedtexte aufeinander, auf die Predigt und auf den speziellen Kasus abgestimmt waren.[44]

Trotz aller sonstiger liturgischer und hymnologischer Experimentier- und Bastelfreude legt Schleiermacher bei den Gerhardt-Liedern sich eine gewisse Zurückhaltung auf. Viele Gerhardt-Lieder auf den Liedblättern sind dichter am Originaltext dran als die entsprechenden Versionen im BG, vgl. etwa Paul Gerhardts Pfingstlied.[45]

---

[41] Die eigentliche Arbeit an den Liedern begann am 11.2.1819, s. das GBC-Protokoll bei Schmidt, Lied, ebd. 536f.

[42] *Zeuch ein zu deinen Thoren* und *Du, meine Seele, singe* kommen zweimal vor.

[43] Vgl. Protokoll vom 22.3.1821, siehe Schmidt, Lied, ebd. 598.

[44] Vgl. Schmidt, Lied, ebd. 478f. Selbst bei dem letztgenannten Beispiel gibt es eine situative Abänderung, die mit Rücksicht auf den Kasus erfolgt ist. In Strophe 3 heißt es: *Der uns auf unsrer Lebensbahn beschützet und erhält*. Bei P. Gerhardt und im BG lesen wir: *der uns von Mutterleibe an frisch und gesund erhält*. In einem Neujahrsgottesdienst kommt mit der »Lebensbahn« das Vorausliegende besser zum Ausdruck.

[45] S. Anlage 1. Der Text der Liedblattfassung ist dichter am Original als die BG-Version von 1829. In der 3. Liedblattstrophe (Str. 11) hat Schleiermacher zwar das anthropomorphe göttliche *Herz* eliminiert und in der 4. Liedblattstrophe den drastischen *Rachen* des Todes. Aber sonst hat er weitgehend am Originaltext festgehalten, anders Marot in seiner Rezension für das BG, siehe Protokolle 1.8.1822, 8.8.1822, 15.8.1822, bei Schmidt, Lied, ebd. 625f.

Auf dem Liedblatt vom 7.10.1821 haben wir sogar ein Beispiel für die wortgenaue Übernahme einer Gerhardt-Dichtung. Hier bringt Schleiermacher insgesamt acht Strophen von *Du, meine Seele, singe* im O-Ton, sogar das schon damals befremdliche *üm und üm* in Strophe 9. Diese Originallesart wird durch die Quellenangabe »P. Gerhard« gedeckt. Das BG hat hier übrigens nur sechs Strophen übernommen.[46]

5. Paul-Gerhardt-Lieder im revidierten Berliner Gesangbuch von 1853

Das Berliner Gesangbuch erregte nach seinem Erscheinen 1829 viel Aufmerksamkeit.[47] Als sogenanntes Reformgesangbuch erntete es Kritik von beiden Seiten: der rationalistischen Seite war die beginnende Rückkehr zu den alten Texten ein Dorn im Auge; den Konservativen missfiel der rationalistische Gesamtduktus des Gesangbuchs. Da der Trend im 19. Jahrhundert zur Restauration ging, zur Wiederherstellung der alten bewährten Texte und Melodien, nimmt es nicht wunder, dass davon auch das BG betroffen war. Seibt zitiert aus einem Bericht J. F. Bachmanns, dass im Zuge der Erneuerung der Stereotypplatten vereinzelt Retuschen vorgenommen wurden. Laut Vorrede zur 8. Auflage des BG (1853) soll diese an 15 Stellen revidierte Version zum ersten Mal 1843 auf den Markt gekommen sein. Es spricht manches dafür, dass diese Ausgabe bereits 1842 erschien.[48]

---

[46] Vgl. Anlage 1.
[47] Vgl. Wirkung und Nachwirkung sowie die Reaktionen bei I. Seibt (s. o. Anm. 4), 195–216.
[48] Vgl. I. Seibt, Gesangbuch, ebd. 207. Die Geschichte der Textrevisionen ist schwer nachvollziehbar, da Gesangbücher der 2. bis 7. Auflage rar sind. Die SBB besaß vor dem Krieg ein Exemplar der 7. Auflage von 1852 (SBB El 2580, gedruckt bei Rudolf Decker). Zu den ersten sieben Auflagen teilt G. Meckenstock mit: »Seine ersten sieben Auflagen sind nicht eigens ausgewiesen und datierbar nur durch die beigefügte Jahreszahl (1829. 1831. usw.) im Stempelabdruck ›G.B.C. Berlin‹, den jedes Exemplar bekommen hat.« (Schleiermacher

Im Jahr 1853 kam dann die 8. Auflage mit Anhang heraus. Dieser Anhang enthielt 74 Lieder, darunter 40 neu hinzugekommene und 34, bei denen der Originaltext wiederhergestellt werden sollte.[49] In der eigenen Vorrede zu dieser Auflage heißt es (S. VII): »Unverkennbar hat sich neuerdings der kirchliche Sinn noch in höherem Grade und größerem Umfange, als es im Zeitpunkte der ersten Herausgabe des Buches der Fall war, sowohl überhaupt den Liedern von älterer Bewährung, als auch den älteren Lese-Arten der einzelnen, wieder zugewandt.« Der Anhang ist nicht nach Rubriken, sondern alphabetisch geordnet, beginnend mit *Ach bleib mit deiner Gnade*, endend mit *Zeuch ein zu meinen Toren*. Darin befinden sich zehn Gerhardt-Lieder, darunter drei neu aufgenommene.

Neu aufgenommene Lieder:

- *Der Herr, der aller Enden* (Nr. 886)
- *Sey fröhlich alles weit und breit* (Nr. 933)
- *Sey mir tausendmal gegrüßet* (Nr. 935)

Restaurierte Lieder:

- *Gieb dich zufrieden und sei stille* (Nr. 893)
- *Ist Gott für mich, so trete* (Nr. 909)
- *Nun ruhen alle Wälder* (Nr. 922)
- *O Haupt voll Blut und Wunden* (Nr. 926)
- *O Welt! sieh hier dein Leben* (Nr. 931)
- *Wie soll ich dich empfangen* (Nr. 944)
- *Zeuch ein zu meinen Thoren* (Nr. 950)

KGA III/2, Boston/Berlin 2015, S. XLVII). Privat liegt mir eine Ausgabe von 1842 vor, in der z.B. die originalen Lesarten von Gerhardts Neujahrslied *Nun laßt uns gehn und treten* in den Strophen 1 und 13 wiederhergestellt sind.

[49] Dieser Anhang erschien auch separat, vgl. z.B. Sammlung Wernigerode SBB Hb 2174.

Ein genauer Vergleich der Texte steht noch aus. Welche Paul-Gerhardt-Quellen für die Revision herangezogen wurden, wissen wir nicht. Es gibt jedoch Anzeichen dafür, dass man lediglich auf den Porst zurückgriff. So fehlt auch in Porst Nr. 704 die 8. Originalstrophe von *Gieb dich zufrieden* (*Der allen Vöglein in den Wäldern*). Des Weiteren weist BG Anhang Nr. 950 dieselbe Strophenfolge (13 Strophen) bei *Zeuch ein zu meinen Thoren* auf wie Porst Nr. 186 und bringt einige signifikante Lesarten, z. B. *Zeuch ein zu meinen Thoren*[50] oder in Str. 10: *Beschirm die Polizeien, bau unsers Königs Thron* (statt *unsers Fürsten Thron*) oder in Str. 13: *ins Todes Hände hin* statt *in Todes Rachen hin*. Ebenso bei den Melodien: BG Anhang Nr. 944 verweist bei *Wie soll ich dich empfangen* wie Porst auf die Melodie *Valet will ich dir geben*. Summa summarum: Um den Urtext im strengen Sinne handelte es sich auch im revidierten BG noch nicht.

6. Ergebnis

Auch im Blick auf das Schicksal der Paul-Gerhardt-Lieder lässt sich sagen: Das Berliner Gesangbuch von 1829 war ein Reformgesangbuch, hymnologiegeschichtlich ein Schritt auf dem Weg von der Verunstaltung der alten Lieder zu ihrer Wiederherstellung, ein Schritt, noch nicht das Ziel. Und die revidierte Ausgabe von 1853 war ein weiterer Schritt, aber auch noch nicht das Ziel.

Dennoch, interessant am Berliner Gesangbuch ist nicht nur das Ergebnis, sondern der Weg dorthin. Durch die Protokolle der Gesangbuchs-

---

[50] Porst 1713, Nr. 184, S. 147 (VD18 10526137, digitalisiert). Die Überlieferung schwankt allerdings an dieser Stelle, so liest etwa Porst 1792, Nr. 186, S. 147: *Zeuch ein zu deinen Thoren* (VD18 11724838, digitalisiert). Ebenso schon Porst 1782 (SBB Hb 2143), Nr. 186. Dagegen orientieren sich die Porst-Auflagen von 1817 (Hb 2156), 1824 (Hb 2160), 1826 (Hb 2162m), 1843 (Hb 2171m, S. 211) und auch 1850 (Privatbesitz, S. 147), in allen Auflagen die Nr. 186, wieder an Ebeling (1667) und lesen ... *zu meinen Thoren*.

Commission erhalten wir Einblick in die zwölfjährige Entstehungsgeschichte dieses Gesangbuches, gleichsam in die Gesangbuch-Werkstatt, nicht nur aus der sicher sehr maßgeblichen Perspektive Schleiermachers – wie in seinem seit 1830 bekannten »Sendschreiben an Ritschl«. Denn das zeichnet dieses Gesangbuch aus, dass es nicht das Werk eines Einzelnen, sondern eines Teams war. Und dieses Team präsentiert sich in den Protokollen als erstaunlich divers.

Obwohl Schleiermacher ansonsten ein fleißiger und kräftiger Liedverbesserer war, übte er bei den Paul-Gerhardt-Liedern Zurückhaltung. Das zeigt sich sowohl in den Protokollnotizen als auch darin, dass sich unter den schlussendlich ins BG aufgenommenen Gerhardt-Liedern nicht ein einziges von Schleiermacher bearbeitetes findet. Diese Tendenz bestätigen gerade auch die früheren Liedblätter, die Paul-Gerhardt-Titel aufweisen. Wenn Schleiermacher Gerhardt-Lieder als Eingangs- oder Hauptlied brachte, also mit vier Strophen oder mehr, setzte er oft respektvoll den Namen Paul Gerhardt darunter, was zugleich ein Hinweis darauf war, dass die Texte relativ unversehrt geboten wurden und gewissermaßen Artenschutz genossen. Schleiermacher hatte als Hymnologe und als Schriftsteller wohl ein unbestimmtes Gefühl, dass man diese Texte schützen muss. – Allerdings ist anzumerken, dass bei den Liedblättern Schleiermachers Gerhardt-Rezeption im Laufe der Jahre zurückging.

Heute befinden wir uns in einer ähnlichen Situation wie vor 200 Jahren. Wieder gibt es Bestrebungen, die alten Lieder ihres historischen oder auch biographischen Kontextes zu entkleiden, sie sprachlich und theologisch umzuformen, um sie für die Zeitgenossen genießbar und singbar zu machen. Aus der hier skizzierten historischen Erfahrung heraus kann man die Paul-Gerhardt-Gesellschaft nur ermuntern, bei der Entstehung des nächsten Gesangbuches über die Paul-Gerhardt-Lieder zu wachen und für die originalen Gerhardt-Texte zu kämpfen. Sie lassen sich nicht verbessern.

Anlage 1: *Zeuch ein zu deinen Thoren*. Synoptischer Vergleich PPM 1653, Porst 1792, Liedblatt L 16 (1817), BG 1829 (1. Auflage), BG 1829 (Anhang zur 8. Auflage 1853)

Zeuch ein zu deinen thoren PPM 1653, Nr. 190 Mel. von Johann Crüger	*Zeuch ein zu deinen Thoren* Porst 1792, Nr. 186 Mel *Von Gott will ich nicht laßen*	*Zeuch ein zu meinen Thoren.* Liedblatt L 16, 7.9.1817 (14. Sonntag nach Trinitatis 1817) Mel. *Von Gott will ich nicht lassen*	*Zeuch ein zu deinen Thoren*, BG 1829, Nr. 286 (Hb 2165) Mel. *Von Gott will ich nicht lassen*	*Zeuch ein zu meinen Thoren.* BG Anhang 1853, Nr. 950 Mel. *Von Gott will ich nicht lassen*
1. Zeuch ein zu deinen thoren / Sey meines hertzens gast / Der du / da ich neu geboren / Mich neu gebohren hast / O hochgeliebter Geist Des Vaters und des Sohnes / Mit beyden gleiches thrones / Mit beyden gleich gepreist.	Zeuch ein zu deinen Thoren, sey meines hertzens Gast, der du da ich gebohren, mich neu gebohren hast; Du hoch geliebter Geist des Vaters und des Sohnes, mit beyden gleiches Thrones, mit beyden gleich gepreist.	Zeuch ein zu <u>meinen</u>[1] Thoren, Sei meines Herzens Gast, Der du, da ich neu geboren, Mich neu geboren hast, Du hochgeliebter Geist Des Vaters und des Sohnes, Mit beiden gleiches Thrones Mit beiden gleich gepreist.	Zeuch ein zu deinen Thoren, <u>mein Herz steht dir bereit, der du mich neu geboren und meinem Gott geweiht! Du hochgelobter Geist, vom Vater und vom Sohne, o komm, und in mir wohne, wie Christi Wort verheißt!</u>	Zeuch ein zu <u>meinen</u> Thoren, sey meines Herzens Gast, der du, da ich neu geboren, mich neu geboren hast, o hochgeliebter Geist des Vaters und des Sohnes, mit beiden gleiches Thrones, mit beiden gleich gepreist.
2. Zeuch ein / laß mich empfinden / Und schmecken deine krafft / Die	2. <u>Zieh</u> ein, laß mich empfinden, und schmecken deine Kraft, die	<u>Zieh</u> ein, laß mich empfinden Und schmecken deine Kraft Die	2. Zeuch ein, laß mich empfinden und schmecken deine Kraft, die	2. Zeuch ein, laß mich empfinden und schmecken deine Kraft, die

[1] Das Pronomen *meinen* findet sich schon bei Ebeling, muss also keine Eigenmächtigkeit Schleiermachers sein.

kraft / die uns von sünden Hülf und errettung schafft. Entsündge meinen sinn / Daß ich mit reinem Geiste Dir ehr und dienste leiste / Die ich dir schuldig bin.	uns von Sünden Hülf und Errettung schafft. [... Zeile fehlt] Daß ich mit reinem Geiste Dir Ehr und Dienste leiste, Die ich dir schuldig bin.²	Kraft, die uns von Sünden Hülf und Errettung schafft. Entsündge meinen Sinn, daß ich mit reinem Geiste dir den Gehorsam leiste, den ich dir schuldig bin.	Kraft, die uns von Sünden Hülf und Errettung schafft. Entsündge meinen Sinn, daß ich mit reinem Geiste dir Ehr' und Dienste leiste, die ich dir schuldig bin.
3. Ich war ein wilder reben / Du hast mich gut gemacht / Der tod durchdrang dein* leben / Du hast ihn umbgebracht / Und in der tauf erstickt / Als wie in einer fluthe / Mit dessen tod und blute / Der uns im tod erquickt. [*heißt wohl „mein"]	3. Ich war ein wilder Reben, du hast mich gut gemacht: der Tod durchdrang mein Leben, du hast ihn umbgebracht, und in der Tauf erstickt, als wie in einer Fluthe, mit dessen Tod und Blute, der uns im Tod erquickt.	3. Ich glich den dürren Reben, war todt und ohne Kraft, du hast das neue Leben in Christo mir verschafft; du wirkest mehr und mehr, daß ich stets an ihm bleibe, und edle Früchte treibe zu Gottes Ruhm und Ehr'.	3. Ich war ein wilder Reben, du hast mich gut gemacht; der Tod durchdrang mein Leben, du hast ihn umgebracht und in der Tauf' erstickt, als wie in einer Fluthe, mit dessen Tod und Blute der uns im Tod erquickt.
4. Du bist das heilig öle / Dadurch gesalbet ist Mein leib und meine seele Dem HERREN JEsu Christ	4. Du bist das heil'ge Oele, damit gesalbet ist mein Leib und meine Seele dem Herren Jesu		4. Du bist das heilge Oele, dadurch gesalbet ist mein Leib und meine Seele dem Herren Jesu

² Hier fehlt die Zeile *Entsündge meinen Sinn. Zieh ein* am Beginn der 2. Strophe hat auch schon Porst 1792 und 1817 (Nr. 186, Hb 2156, 147), es muss nicht auf einen Fehler des Setzers zurückgehen.

Zum wahren eigenthumb / Zum Priester und Propheten / Zum Könige / den in nöthen / Gott schützt vom Heiligthumb.	Christ zum wahren Eigenthum, zum Priester und Propheten, zum Kön'ge, den in Nöthen Gott schützt vom Heiligthum.		Christ zum wahren Eigenthum, zum Priester und Propheten, zum König, den in Nöthen, Gott schützt im Heiligthum.
5. Du bist ein Geist / der lehret / Wie man recht bäten sol / Dein bäten wird erhöret / Dein singen klinget wol / Es steigt zum himmel an / Es steigt und läßt nicht abe / Bis der geholfen habe / Der allen helfen kann.	5. Du bist ein Geist, der lehret, wie man recht beten soll: Dein Beten wird erhöret, dein Singen klinget wohl; es steigt zum Himmel an, es steigt und läßt nicht abe, bis der geholfen habe, der allen helfen kann.	4. Du bist ein Geist, der lehret, wie man recht beten soll; <u>solch Beten wird</u> erhöret, <u>macht reicher Gaben voll; o lenke himmelan mein Flehn voll Glaubensstärke, bis ich die Hülfe merke von dem,</u> der helfen kann.	5. Du bist ein Geist, der lehret, wie man recht beten soll, dein Beten wird erhöret, dein Singen klinget wohl; es steigt zum Himmel an, es steigt und läßt nicht abe, bis der geholfen habe, der Allen helfen kann.
6. Du bist ein Geist der freuden / Von trauern hältst du nicht / Erleuchtest uns in leyden Mit deines trostes liecht. Ach ja / wie manches mal Hast du mit süssen worten Mir aufgethan die pforten	6. Du bist ein Geist der Freuden, von Trauern hältst du nicht, erleuchtest uns in Leiden mit deines Trostes Licht. Ach ja, wie manchesmal hast du mit süßen Worten mir aufgethan die Pforten	5. Du bist ein Gast der Freuden, <u>das</u> Trauern liebst du nicht, erleuchtest uns in Leiden mit deines Trostes Licht; <u>nimm ferner mein dich an, wie du im heilgen</u> Worte mir oft schon hast	6. Du bist ein Geist der Freuden, von Trauern hältst du nicht, erleuchtest uns im Leiden mit deines Trostes Licht. Ach ja, wie manchesmal hast du mit süßen Worten mir aufgethan die Pfor-

Zum güldnen freudensaal.	zum goldnen Himmelssaal.	die Pforte des Himmels aufgethan.	ten zum güldnen Freudensaal.
7. Du bist ein Geist der liebe / Ein freund der freundlichkeit / Wilt nicht / daß uns betrübe Zorn / zanck / haß / neid und streit. Der feindschafft bist du feind / Wilt / daß durch liebesflammen Sich wieder thun zusammen / Die voller zwytracht seynd.	7. Du bist ein Geist der Liebe; ein Freund der Freundlichkeit: willst nicht, daß uns betrübe Zorn, Zank, Haß, Neid und Streit. Der Feindschaft bist du feind, willst daß durch Liebes-Flammen, sich wieder thun zusammen, die voller Zwietracht seynd.	6. Du bist ein Geist der Liebe, ein Freund der Freundlichkeit, willst nicht, daß uns betrübe Zorn, Zwietracht, Haß und Neid: o mach' mich sanft und mild, daß ungefärbte Liebe ich an den Brüdern übe, verklärt in Christi Bild.	7. Du bist ein Geist der Liebe, ein Freund der Freundlichkeit, willst nicht, daß uns betrübe Zorn, Zank, Haß, Neid und Streit. Der Feindschaft bist du feind, willst, daß durch Liebesflammen sich wieder thun zusammen, die voller Zwietracht seynd.
8. Du / Herr / hast selbst in händen Die gantze weite welt / Kanst menschenhertzen wenden / Wie dir es wolgefällt: So gib doch deine gnad zum fried und liebesbanden / Verknüpff in allen landen / Was sich getrennet hat.[3]	8. Du, Herr! hast selbst in Händen die ganze weite Welt, kannst Menschen Herzen wenden, wie dir es wohlgefällt: so gieb doch deine Gnad zum Fried und Liebes-Banden, verknüpf in allen Landen was sich getrennet hat.	7. Du, Herr, hast selbst in Händen die ganze weite Welt, kannst Menschenherzen wenden, wie dir es wohlgefällt: leit uns den Friedenspfad, verknüpf in allen Landen durch sanfte Liebesbanden, was sich getrennet hat.	8. Du Herr! hast selbst in Händen die ganze weite Welt, kannst Menschenherzen wenden, wie dir es wohl gefällt: so gieb doch deine Gnad' zum Fried' und Liebesbanden, verknüpf' in allen Landen, was sich getrennet hat.

---

[3] Hier schließen sich bei der Feustking-Werkausgabe die drei sog. Friedensstrophen an (nach 2. Aufl. 1717): *Ach edle Friedens=Quelle*,

9. Erhebe dich und steure Dem hertzleid auf der erd / Bring wieder und erneure Die wolfahrt deiner heerd. / Laß blühen, wie zuvorn Die länder / so verheeret / Die kirchen / so zerstöret / Durch krieg und feuerszorn.	9. Erhebe dich und steure dem Herzleid auf der Erd, bring wieder und erneure die Wolfahrt deiner Heerd. Laß blühen, wie zuvor die Länder so verheeret, die Kirche so zerstöhret, durch Krieg und Feuers-Zorn.	8. Erhebe dich, und steure auf Erden allem Leid, bring wieder und erneure das Heil der Christenheit. Laß steigen neu empor, was blinder Wahn verheeret, was Zweifelsucht zerstöret; es blühe, wie zuvor.	9. Erhebe dich und steure dem Herzleid auf der Erd', bring' wieder und erneure die Wohlfahrt deiner Heerd! Laß blühen, wie zuvor, die Länder, die verheeret, die Kirchen, so zerstöret durch Krieg und Feuerszorn.
10. Beschirm die policeyen / Bau unsers Fürsten thron / Daß er und wir gedeyen / Schmück alls mit einer kron / die alten mit verstand / Mit Frömmigkeit die jugend / Mit gottesfurcht und tugend Das volck im gantzen land.	10. Beschirm die Policeyen, bau unsers Königs Thron, daß er und wir gedeyen! Schmück, als mit einer Kron, die Alten mit Verstand, mit Frömmigkeit die Jugend, mit Gottesfurcht und Tugend das Volk im ganzen Land.	9. Regier' in allen Reichen, bau unsers Königs Thron, und laß nie von ihm weichen der Weisheit Ruhm und Lohn! dem Alter gieb Verstand, gieb Frömmigkeit der Jugend, durch Gottesfurcht und Tugend besel'ge jeden Stand.	10. Beschirm die Polizeyen, bau unsers Königs Thron, daß er und wir gedeihen, schmück, als mit einer Kron', die Alten mit Verstand, mit Frömmigkeit die Jugend, mit Gottesfurcht und Tugend das Volk im ganzen Land.

schleuß deinen Abgrund auff und gieb dem Frieden schnelle hier wieder seinen Lauff, halt ein die große Fluth, die eingerissen, so daß man siehet fliessen, wie Wasser, Menschen=Blut.

Laß deinem Volck erkennen die Vielheit ihrer Sünd; auch GOttes Grimm so brennen, daß er bey uns entzünd den ernsten bittren Schmertz und Busse, die bereuet, des sich zu erst gefreuet ein weltergebnes Hertz.

Auff Busse folgt der Gnaden= auff Reu der Freuden=Blick; Sich bessern, heilt den Schaden; Fromm werden, bringet Glück, HERR! thu's zu deiner Ehr, erweiche Stahl und Steine, auff daß das Hertze weine, das böse sich bekehr.

11. Erfülle die gemüther Mit reiner glaubenszier / Die häuser und die güter Mit segen für und für / Vertreib den bösen geist / Der dir sich widersetzet / Und was dein hertz ergötzet / Aus unsern hertzen reißt.[4]	11. Erfülle die Gemüther mit reiner Glaubenszier, die häuser und die Güter mit Segen für und für. Vertreib den bösen Geist, der sich dir widersetzet, und was dein Herz ergötzet, aus unsern Herzen reißt.	Erfülle die Gemüther Mit reiner Glaubenszier, Die Häuser und die Güter Mit Segen für und für Vertreib den bösen Geist, Der dir sich widersetzet, Was uns in dir ergötzet Aus unsern Herzen reißt.	10. Erfülle die Gemüther mit reiner Glaubenszier, die Häuser und die Güter theilhaftig für und für; vertreib den bösen Geist, der sich dir widersetzet, und, was dein Herz ergötzet, aus unser<u>m</u> Herzen reißt.	11. Erfülle die Gemüther mit reiner Glaubenszier, die Häuser und die Güter mit Segen für und für. Vertreib den bösen Geist, der sich dir widersetzet und, was dein Herz ergötzet, aus unsern Herzen reißt.
12. Gieb Freudigkeit und Stärke, zu stehen in dem Streit den Satans Reich und Werke uns täglich anerbeut: hilf kämpfen ritterlich, damit wir überwinden, und ja zum Dienst der Sünden kein Christ ergebe sich.				12. Gieb Freudigkeit und Stärke zu stehen in dem Streit, den Satans Reich und Werke uns täglich anerbeut; hilf kämpfen ritterlich, damit wir überwinden und ja zum Dienst der Sünden kein Christ ergebe sich.
12. Richt unser gantzes leben Allzeit nach dei-	13. Richt unser ganzes Leben allzeit nach dei-	Richt unser ganzes Leben Allzeit nach deinem Sinn,	11. Richt unser ganzes Leben <u>allein</u> nach dei-	13. Richt unser ganzes Leben allzeit nach dei-

---

[4] Die Strophe *Gib Freudigkeit und Stärke* fehlt in der PPM. Bei Ebeling, Nr. 80, folgt sie hier, ebenso in Freylinghausen (1741), Nr. 346: *Gib Freudigkeit und Stärcke, / Zu stehen in dem Streit, / Den Satans reich und Wercke / Uns täglich anerbeut. / Hülff kämpfen Ritterlich / Damit wir überwinden / Und ja zum Dienst der Sünden / Kein Christ ergebe sich.*.

nem sinn / Und wann wirs sollen geben Ins todes rachen hin / Wanns mit uns hie wird aus / So hilf uns frölich sterben / Und nach dem tod ererben Des ewign lebens haus. P Gerh.	nem Sinn; und wenn wirs sollen geben in Todes Hände hin, wenns mit uns hier wird aus; so hilf uns frölich sterben, und nach dem Tod ererben das ewge Lebens-Haus.	Und wenn wir's sollen geben In's Todes Hände hin, Wenn's hier mit uns wird aus, So hilf uns fröhlich sterben, Und nach dem Tod ererben Des ew'gen Lebens Haus. (Paul Gerhard.)	nem Sinn, und laß nach dem uns streben, was ewig bringt Gewinn; und kommt einst unsre Zeit, so hilf uns fröhlich sterben, und nach dem Tod ererben des Himmels Herrlichkeit.	nem Sinn, und wenn wirs sollen geben ins Todes Hände hin, wenns mit uns hier wird aus: so hilf uns fröhlich sterben und nach dem Tod ererben des ewgen Lebens Haus.

Anlage 2: Liedblatt vom 7.10.1821

> **Am 16. Sonnt. nach Trinit. 1821.**
>
> **Vor dem Gebet.**
> Mel. Herzlich thut mich verlangen ꝛc.
>
> Es hat uns heißen treten,
> O Gott, dein lieber Sohn,
> Mit Seufzen und mit Beten,
> Vor deinen hehen Thron,
> Und uns mit theurem Amen
> Erhörung zugesagt,
> Wenn man in seinem Namen
> Nur bittet, fleht und klagt.
>
> Darauf komm ich gegangen
> In dieser Morgenstund:
> Ach, laß mich doch erlangen,
> Was ich aus Herzensgrund
> An dich, mein Gott, begehre,
> Im Namen Jesu Christ,
> Und gnädig mir gewähre,
> Was Seelen nützlich ist.
>
> Nicht aber mir zu geben,
> Bitt ich aus deiner Hand:
> Geld, Gut und langes Leben,
> Nicht hohen Ehrenstand;
> Denn dieses ist nur nichtig,
> Und lauter Eitelkeit,
> Vergänglich, schwach und flüchtig,
> Und schwindet mit der Zeit.
>
> Ich bitte mir zu schenken
> Ein fromm und keusches Herz,
> Das nimmermehr mag denken
> Auf sündenvollen Scherz,
> Das stets mit Liebe flammet
> Zu dir, Gott, himmelan,
> Und alle Lust verdammet
> Der lastervollen Bahn.
> [G. Neumann.]
>
> **Nach dem Gebet.**
> Mel. Valet will ich dir geben ꝛc.
>
> Du meine Seele singe,
> Wohlauf und singe schön,
> Dem, welchem alle Dinge
> Zu Dienst und Willen stehn!
> Ich will den Herren droben,
> Hie preisen auf der Erd,
> Ich will ihn herzlich loben
> So lang ich leben werd.
>
> Wohl dem, der einzig schauet
> Nach Jacobs Gott und Heil!
> Wer dem sich anvertrauet,
> Der hat das beste Theil,
>
> Das höchste Gut erlesen,
> Den schönsten Schatz geliebt,
> Sein Herz und ganzes Wesen
> Bleibt ewig unbetrübt.
>
> Hier sind die starken Kräfte,
> Die unerschöpfte Macht;
> Das weisen die Geschäfte,
> Die seine Hand gemacht!
> Der Himmel und die Erde
> Mit ihrem ganzen Heer,
> Der Fisch' unzählig Heerde
> Im großen wilden Meer.
>
> Hier sind die treuen Sinnen,
> Die niemand Unrecht thun,
> All'n denen Gutes gönnen,
> Die in der Treu beruhn.
> Gott hält sein Wort mit Freuden,
> Und was er spricht, geschicht,
> Und wer Gewalt muß leiden,
> Den schützt er im Gericht.
>
> Er weiß viel tausend Weisen
> Zu retten aus dem Tod,
> Er nährt und giebet Speisen
> Zur Zeit der Hungersnoth,
> Macht schöne rothe Wangen
> Oft bei geringem Mahl,
> Und die da sind gefangen,
> Die reißt er aus der Qual.
>
> Er ist das Licht der Blinden,
> Erleuchtet ihr Gesicht,
> Und die sich schwach befinden,
> Die stellt er auf gericht;
> Er liebet alle Frommen,
> Und die ihm günstig sind,
> Die finden, wenn sie kommen,
> An ihm den besten Freund.
>
> Er ist der Frommen Hütte,
> Die Waisen nimmt er an,
> Erfüllt der Wittwen Bitte,
> Wird selbst ihr Trost und Mann;
> Die aber, die ihn hassen,
> Bezahlet er im Grimm,
> Ihr Haus und wo sie saßen,
> Das wirfst er um und um.
>
> **Nach der Predigt.**
>
> Ach ich bin viel zu wenig,
> Zu rühmen seinen Ruhm!
> Der Herr ist ewig König,
> Ich eine welke Blum!
> Jedoch weil ich gehöre
> Gen Zion in sein Zelt,
> Ists billig, daß ich mehre
> Sein Lob vor aller Welt.
> [P. Gerhard.]
>
> (L 117)   H 179

Die Predigt wird gerahmt von acht Strophen des Gerhardt-Liedes *Du, meine Seele, singe* (wie heute EG 302). Der Liedautor ist angegeben.

»Gebt uns unsern Paul Gerhardt wieder«
Zur Restauration der Liedtexte im 19. und 20. Jahrhundert

Konrad Klek

Restauration ist der übliche Begriff dafür, was sich durchsetzte auf dem Gebiet von Kirchenlied und Gesangbuch im 19. Jahrhundert in dezidierter Abwendung von Aufklärung und Rationalismus. Bereits kurz nach der Jahrhundertwende, 1903, erschien gewissermaßen als Bilanzierung des zurückliegenden Jahrhunderts ein ziemlich dickes Buch mit diesem Titel[1]:

> *Die Restauration des evangelischen Kirchenliedes.*
> *Eine Zusammenstellung der hauptsächlichsten literarischen Erscheinungen auf hymnologischem Gebiete, namentlich dem Gebiete der Gesangbuchlitteratur seit dem Wiedererwachen des evangelischen Glaubenslebens in Deutschland.*

»Wiedererwachen des evangelischen Glaubenslebens« – schon im Untertitel ist der frömmigkeitsgeschichtliche Kontext benannt. Die Aufklärungsepoche ist demnach gebrandmarkt als Zeit mangelnder Glaubenspraxis, defizitärer *Praxis pietatis melica* (um mit Johann Crügers Gesangbuchtitel zu sprechen). Ein neu aufblühender Glaube – der Begriff »Erweckungsbewegung« hat sich eingebürgert – bringt Bewegung gerade auch in das Feld des geistlichen Liedes. Lebendiger Glaube lebt von den guten alten Liedern, und so kommt im Zuge ihrer Wiedergewinnung in der Original-

---

[1] Das Buch ist eine Ruheständler-Arbeit des Marburger Schuldirektors a. D. und hessischen Kommunalbeamten (sowie Abgeordneten) Philipp Dietz (1834–1910).

gestalt gerade auch das Liedschaffen von Paul Gerhardt wieder zum Zuge. Im Folgenden werden drei Bereiche behandelt:

1. Werkausgaben
2. Lieder Paul Gerhardts in privaten Liedsammlungen
3. Lieder Paul Gerhardts in kirchlichen Gesangbüchern

1. Werkausgaben

Da über Jahrzehnte hinweg die Lieder aus den Gesangbüchern verschwunden oder bis zur Unkenntlichkeit verändert worden waren, musste die Quellenbasis neu erhoben werden. Wenn man heute bei wikisource »Paul Gerhardt« eingibt, findet man zum 19. Jahrhundert gleich fünf Werkausgaben bis 1850 angegeben, sämtliche mit Verlinkung zu einem Scan, was die hymnologische Forschung erheblich erleichtert.

- 1817 *Auswahl aus Paul Gerhardts Liedern nebst einigen Nachrichten aus seinem Leben.* Bremen
- 1821 *Paul Gerhardts Geistliche Lieder in einem neuen vollständigen Abdruck,* Wittenberg
- 1841 *Leben und Lieder von Paulus Gerhardt*, hg. E. C. G. Langbecker, Berlin
- 1842 *Paul Gerhardts Geistliche Andachten in hundert und zwanzig Liedern.* Mit Anmerkungen, einer geschichtlichen Einleitung und Urkunden herausgegeben von Otto Schulz, Berlin
- 1849/55 *Paulus Gerhardts geistliche Lieder, getreu nach der bei seinen Lebzeiten erschienenen Ausgabe wiederabgedruckt.* Stuttgart, 2. Auflage 1853, neue Auflage 1855

1.1. Auswahl-Edition 1817

Tatsächlich gibt es also schon 1817 eine erste PG-Ausgabe, also zu einer Zeit, da in den Landeskirchen noch weitgehend Aufklärungsgesangbücher Realität sind. Es ist keine Gesamtausgabe, sondern wie das erste Wort im Titel anzeigt, eine »Auswahl«-Edition. Sie erscheint in Bremen, der Herausgeber nennt seinen Namen nicht, signiert das umfängliche Vorwort nur mit »T.« als Initialbuchstabe seines Nachnamens. In Bachmanns kritischer Gerhardt-Edition von 1866 erfahren wir (S. 32), dass es sich hier um den Bremer Bürgermeister Dr. Franz Tiedemann handelt. Das ist durchaus charakteristisch für das »Wiedererwachen des Glaubenslebens« und gerade für den damit verbundenen hymnologischen Eifer. Es sind nicht unbedingt die Theologen, die vorangehen. »Liebhaber« sind es – Tiedemann spricht tatsächlich von den »Liebhabern der Gerhardtschen Muse« (4) und outet sich selber als ein solcher, indem er Gerhardt den Vorzug vor allen anderen älteren Liederdichtern gibt (5). »Hauptzweck der Auswahl« konnte für ihn nur »Erbauung« sein, verbunden mit der Hoffnung, »daß durch den Gebrauch dieser Lieder dem religiösen Sinne unter uns mit aufgeholfen werden kann« (ebd.). Der Erbauung kann eine Auswahl-Edition besser dienen. Sie bringt ungefähr die Hälfte des Liedbestandes und verzichtet dabei nicht nur auf Lieder ganz, sondern oft auch auf zahlreiche Strophen in einem aufgenommenen Gesang. Dem zeitgenössischen Empfinden Anstößiges kann so einfach ausgelassen werden. Bei Lied Nr. 12 *Ich steh an deiner Krippen hier* etwa steht als Überschrift »aus einem Weihnachtsliede« und abgedruckt sind nur vier Strophen, von der heutigen Gesangbuchversion EG 37 die Strophen 1 bis 3 und 5. Was Tiedemann abdruckt, bringt er aber weitgehend unverändert nach seinen beiden Quellen, der Ebeling-Ausgabe in der Nürnberger Edition von 1683 und der Feustking-Ausgabe in der 3. Auflage von 1723. So ist etwa *Jesulein* in der zweiten Liedzeile der ersten Strophe erhalten (*o Jesulein, mein Leben*), während wir heute entschärft singen *o Jesu, du mein Leben*. Andererseits ist ihm *Die güldne Sonne* sprachlich anstößig, so dass er das Morgenlied mit *Die goldne Sonne voll Freud und Wonne* beginnen lässt. Da dieses Lied die Startnummer ist, beginnt diese PG-Edition ausgerechnet mit einer unechten Liedzeile.

Interessant wäre hier ein detaillierterer Blick in den »Vorbericht«: Wie wird Paul Gerhardt da verortet, kontextualisiert, wie es heute heißt? »Besonders möchte ich sie [die Lieder, K. K.] zur Mittheilung an Arme und Bekümmerte empfehlen, da sie so viel Materie des Trostes enthalten«, heißt es da etwa (30 f.). Bemerkenswert ist die folgende Passage (31), wo Tiedemann einzelne Sentenzen aus dem Liedkorpus als sprachliche Highlights herausgreift und den Eltern für die religiöse Unterweisung ihrer Kinder ans Herz legt, »treffliche Sprüche, die sich so leicht dem Gedächtnis einprägen und für das ganze Leben wohltun«. Nur ein Beispiel davon: *Die Sonne, die mir lachet, ist mein Herr Jesus Christ!* (vgl. EG 351,13).

Das Vorwort enthält, wie im Titel angezeigt, auch »einige Nachrichten aus seinem Leben«, nämlich einen biographischen Lebensabriss Gerhardts, dazu einige durchaus mit kritischer Distanz referierte Legenden von Entstehungszusammenhängen einzelner Lieder, und schließlich als biographische Pointe – aus der Feustking-Ausgabe entnommen – das Testament für den Sohn Paul Friedrich (24 f.).

Einen Konnex seiner Edition mit dem Reformationsjubiläum 1817 stellt Tiedemann nicht her. Sein Vorwort ist sozusagen neutral datiert »im September 1816«. Als geistige Kulisse wird man eher den allgemeinen nationalen Aufschwung nach der Vertreibung Napoleons namhaft machen können, wenn er vollmundig einsetzt (3):

> »Es ist in der That ein großer und noch nicht genug erkannter Vorzug der deutschen Nation, besonders des protestantischen Theils derselben, daß sie eine so ansehnliche Zahl, theils vortrefflicher geistlicher Liederdichter aufzuweisen hat; ja, wenn ich nicht irre, alle anderen darin weit übertrifft.«

1.2. Vollständige Werkausgabe 1821

Bachmann vermutet, dass die bereits vier Jahre später, 1821, in Wittenberg veranstaltete Gesamtausgabe der Gerhardt-Lieder gezielt das Manko der Auswahl-Edition Tiedemanns wettmachen will. Dies bestätigt ein

Blick ins auch hier hoch interessante Vorwort und zudem schon der Titel:
Paul Gerhardts Lieder in einem neuen vollständigen Abdruck.

Herausgeber waren zwei 25-jährige Berliner Jungspunde: der später in Erlangen wirkende Theologieprofessor Hermann Olshausen (1796–1839), in Berlin soeben zum außerordentlichen Professor gekürt, und ein französischstämmiger, also reformierter, bald sehr königsnah agierender Jurist, schon seit dem Vorjahr ao-Professor, Carl Wilhelm von Lancizolle (1796–1871). Im Vorwort rügen die Beiden stark das Vorgehen Tiedemanns bei Lied- und Strophenauswahl sowie die Textänderungen als »Willkürlichkeit« (IV), doch sehen auch sie von einer »Wort für Wort«-Wiedergabe der Texte ab. Mit der Sprache der Lieder »Eigenthümlichkeiten« von Person wie Zeitalter Gerhardts vorzuführen wäre in ihren Augen nicht sachdienlich. Es gehe vielmehr darum »seine Lieder zur Stärkung des Glaubens und zur Erbauung der Herzen in der evangelischen Christenheit recht brauchbar zu machen« (IV f.). Und so sei es »durchaus nothwendig« gewesen, »einzelne [gesperrt gedruckt, also nur einzelne, K. K.] für den Geschmack und die Sprachweise unserer Zeit theils anstößige, theils unpassende Stellen zu ändern« (V). Anstößigkeit wird hier nicht als ästhetische Kategorie gebraucht, sondern als religiöse: Gefährdung der »Erbauung« ist Kriterium für eine Änderung. Im oben genannten Weihnachtslied etwa bringt Strophe 6 (im EG gar nicht enthalten) im Original zweimal hintereinander das *Mündlein* Jesu: *Vergönne mir / o Jesulein / daß ich dein Mündlein küsse / das Mündlein das den süßsten Wein ...* Jetzt, 1821, wird das erste *Mündlein* und dadurch das ganze Bild mit *im Geiste* neutralisiert: *Vergönne mir / o Jesulein / daß ich im Geiste küsse / das Mündlein, das den süßen Wein ...* – zudem ist der Superlativ *süßsten* getilgt.

Das Vorwort hier enthält ebenfalls einen Lebensabriss Gerhardts und das Testament für Paul Friedrich gemäß der Feustking-Ausgabe, welche auch beim Wortlaut der Lieder als Quelle genutzt wird. Sie gilt wegen der dortigen Vorwortbemerkung von der Nutzung eines Handexemplars des

Dichters als authentischste Quelle. Mit ihrer inhaltlich überlegten Rubrizierung gehen die Herausgeber eigene Wege. – Welche Rubrizierung mit welchen Gründen die diversen Gerhardt-Werkausgaben bis heute vornehmen, wäre ein eigenes spannendes Thema. – Der schöne fromme Schlusswunsch im Vorwort sei hier zitiert, erstaunlicher Originalton zweier junger aufstrebender Akademiker aus Theologie und Juristerei im Jahre 1821 (XVI):

> »Möchten viele Seelen entzündet werden durch das Liebesfeuer, das in so manchen dieser Lieder glüht, die unverkennbar aus einem Herzen strömten, das rein gewaschen von allen Sünden durch das Blut Christi im Frieden mit Gott und in der Freude im heiligen Geiste stand.«

Der Bedarf für solch einen Paul-Gerhardt-Band scheint in jenen Zeiten durchaus vorhanden gewesen zu sein, denn zwei Folgeauflagen, nun in Berlin gedruckt, sind nachweisbar, 1827 und 1838. Bei der zuvor besprochenen Bremer Auswahledition gab es immerhin noch eine zweite Auflage nach zehn Jahren, 1827, wo drei zunächst ausgelassene Lieder und mehrere Strophen hinzukamen.[2]

1.3. Gerhardt als Dichter des 17. Jahrhunderts

In dieselbe Zeit fällt ein rein poetisches Editionsprojekt des Brockhaus-Verlages:

Bibliothek deutscher Dichter des siebzehnten Jahrhunderts

Als Herausgeber fungiert hier Wilhelm Müller, also jener Schriftsteller, der in Schuberts Vertonungen seiner Gedichtzyklen *Die schöne Müllerin* und *Winterreise* im kulturellen Leben bis heute sehr präsent ist. Müller ist Jg. 1794 (und stirbt wie Schubert früh – mit knapp 33 Jahren), gehört also zur selben Generation wie die beiden soeben vorgestellten Paul-Ger-

---

[2] Nachgewiesen in der im folgenden besprochenen Edition Langbeckers, 275.

hardt-Editoren. Die 1822 gestartete *Bibliothek deutscher Dichter des siebzehnten Jahrhunderts* tritt mit dem Anspruch an, die »vaterländische Poesie« (I, VIII) umfassend zu erschließen. Das 17. Jahrhundert firmiert unter dem Signet »altdeutsche Litteratur«, diesen Bereich zu erschließen sei ein »patriotisches Verdienst« (ebd.). Paul Gerhardts Werke sind im siebten Band dran, der 1825 erscheint. Mit 23 Gedichten erhält er eine Präsenz so umfänglich wie kein anderer der Barockdichter, obgleich die Intention der Edition hier keine erbauliche sein kann. Es wäre interessant, die Auswahl Müllers, seine Anordnung und seine Liedüberschriften näher zu untersuchen. *Geh aus mein Herz* etwa ist überschrieben »Christliche Sommerfreude«. Müller betont, dass er ein bekanntes und für die Frömmigkeit zentrales Lied wie *O Haupt voll Blut und Wunden* lieber weglässt, wenn es ihm sprachlich für seine Zeit nicht mehr kompatibel erscheint, als daran herum zu pfuschen (X). Das Agieren der Gesangbuchmacher in der zurückliegenden Epoche brandmarkt er als »unverschämt und abgeschmackt« (XXXI). Namentlich geißelt er den großen Klopstock als darin sehr schlechtes Vorbild. Die Textänderungen, die Müller nun selber behutsam vornimmt und durch Wiedergabe der Originalwendung in einer Fußnote jeweils kennzeichnet, versteht er als formale, sprachliche Glättungen. Als Beispiel genannt sei die zweite Strophe von *Gieb dich zufrieden und sei stille* (155). Hier heißt es bei Müller: *Er ist voll Licht und Trost und Gnaden*. Getilgt ist der alte Genitivus partitivus: *Er ist voll Lichtes, Trosts und Gnaden* – Was ist damit gewonnen, was alles verloren? Auch heutige Gesangbuchredaktoren sollten sich mit des Poeten Müller rein sprachlich orientierter Arbeitsweise auseinandersetzen.

Nur selten lässt Müller eine Strophe weg, etwa gerade in diesem Lied (wo das EG sogar alle Strophen bringt). Es ist die Strophe 6: *Laß dich dein Elend nicht bezwingen, / halt an Gott, so wirst du siegen; ob alle Fluten einhergingen, dennoch mußt du oben liegen [...]* Was ihn daran besonders gestört hat, kann man nur mutmaßen. Mit *Ich steh an deiner Krippen hier* als Beispiel kann man hier nicht aufwarten, denn auf »die Weihnachtsgesänge, deren frommes Spiel um die Krippe jetzt fast wie Getändel klingt« (X), verzichtet Müller komplett. Nicht verzichten mag er allerdings auf das sprachliche Highlight *Wie soll ich dich empfangen*, das mit der Überschrift »Die Ankunft des Erlösers« (199) kirchenjahresmäßig sozusagen neutralisiert wird. Hier sind nur drei kleine Textmodifikationen zu konstatieren, wobei *Erdenreichthum* statt *irdisch Reichthum* (Str. 4) das gravierendste ist. Es wäre eine Untersuchung wert, inwieweit Spuren von Müllers Arbeit in den folgenden kirchlichen Gesangbucheditionen zu finden sind. Vermutlich haben die kirchlichen Redaktoren hier aber gar nicht nachgeschaut.

1.4. Berliner Werkausgabe 1841

Im Jahr 1841 erscheint ein dickes Buch mit über 800 Seiten:
Leben und Lieder von Paulus Gerhardt

Wie der Titel mit dem ersten Stichwort »Leben« erwarten lässt, erschließt der Berliner Autor Emanuel Christian Gottlieb Langbecker (1792–1843) zunächst auf über 200 Seiten die Lebensgeschichte des Dichters als Ergebnis eigener langjähriger Quellenrecherche. Langbecker hat in Archiven nach Dokumenten gesucht und präsentiert nun seitenlang die Akten vom Berliner Streit um das Toleranzedikt. Er referiert dann die Geschichte der Gerhardt-Ausgaben bis in die jüngste Zeit und bringt ebenso wörtlich wie zuvor bei den Dokumenten umfängliche Passagen aus den Vorworten der Editionen. Im Blick hat er auch die soeben besprochene Edition Wilhelm Müllers. Erst auf S. 285 beginnt die Liedpräsentation, wobei er sich strikt an die Ebeling-Ausgabe hält, auch hinsichtlich der dort inhaltlich nicht strukturierten Reihenfolge. Sogar Eigentümlichkeiten der Ebelingschen Orthographie wie *gegäben* (*Ich steh an deiner Krippen hier,* Str. 1,4) bleiben erhalten. Selbst in der graphischen Darstellung wird Ebeling treu kopiert hinsichtlich des Einrückens von Zeilen, und wie bei Ebeling eröffnet ein kunstvoll verzierter Initialbuchstabe jedes Lied. So ist diese Edition einfach eine Augenweide. Textabweichungen der Feustking-Edition sind in Fußnoten angezeigt, so dass diese Ausgabe den Forschenden bis heute viel Arbeit erspart, indem sie simultan den Blick in zwei fundamentale Editionen gewährt. Zusätzlich gibt es bei jedem Lied »Bemerkungen«, also einen Apparat, der außer Hinweisen zur (nicht abgedruckten) Melodie nicht nur Literatur zu speziell diesem Lied benennt, sondern auch Stories aus der Rezeptionsgeschichte beisteuert. S. 346 f. etwa werden bei *Ist Gott für mich, so trete* zwei Strophen als Segensspuren im Leben zweier Frauen vorgestellt. Mit dieser Ausgabe ist übrigens die Namensform »Paulus Gerhardt« als den Dokumenten gemäß auch für folgende Editionen gesetzt.

Wer war nun dieser wahre Paul Gerhardt-Freund, Editor eines solch bemerkenswerten Buches? – Der Berliner Emanuel Christian Gottlieb Langbecker (Jg. 1792) war erneut kein Theologe, sondern Tuchmachermeister, der in den elterlichen Betrieb eintrat, als Absolvent des Gymnasiums Zum Grauen Kloster sich aber stets geistig und auch musikalisch als Organist weiterbildete und selber geistliche Gedichte schrieb. Eine preußische Prinzessin Namens Marianne wurde auf ihn aufmerksam und berief ihn 1827 zum Kammerdiener für ihren damals 10-jährigen Sohn Waldemar (1817–1849), dessen Hofstaatssekretär er später wurde. Jetzt konnte sich Langbecker ganz seinen geistigen Neigungen widmen und begann vor allem hymnologisch zu forschen. Aus diesem höfischen Kontext resultiert als Besonderheit ein überschwängliches dreistrophiges Widmungsgedicht an den Prinzen Waldemar zu Beginn dieses Paul-Gerhardt-Buches, dessen Ende lautet (VI):

Ein Gerhardt würde selbst DIR Lieder singen,
So wie du ringst nach Gottes Ebenbild.
Tief wird sein Lied DEIN Innerstes durchdringen,
Im Kampf DICH decken wie mit eh'rnem Schild;
Gleich Engelsharfen wird sein Ton Dich rühren,
DICH himmelwärts, voll reinster Andacht führen.

Anfänglich (Tiedemann 1817) wurde uns Paul Gerhardt speziell für »Arme und Bekümmerte« ans Herz gelegt, jetzt auch namentlich für ein Mitglied der Fürstenfamilie.

1.5. Berliner Werkausgabe 1842

Nur ein Jahr nach der Langbecker-Edition erscheint 1842 ebenfalls in Berlin quasi ein Double:

Paul Gerhardts Geistliche Andachten in hundert und zwanzig Liedern.

Wie der Titel anzeigt, handelt es sich ebenfalls um eine Neuauflage der *Geistliche Andachten* betitelten Werkausgabe von Ebeling. Auch hier ist viel Text zur Vita des Dichters zu finden. Autor Otto Schulz, über den nichts Näheres in Erfahrung zu bringen ist, hat ebenfalls die Berliner Akten gewälzt und bringt sie in einem umfänglichen Anhang »Urkunden« (ab S. 315). Auch hier ist Ebelings Liedtext eins zu eins wiedergegeben. Anders als bei Langbecker sind zudem alle sonstigen Texte der Ebeling-Edition, also die Listen mit den Widmungsträgern und die Vorworte zu den zehn Heften abgedruckt. »Anmerkungen« zu den einzelnen Liedern sind kompakt als Anhang nach der Liededition platziert (ab S. 235). Hier stehen dann auch die Feustking-Abweichungen, was in der Anordnung nicht so nutzerfreundlich ist wie bei Langbecker. Darüber hinaus benennt Schulz abweichende Textversionen der beiden Ebeling-Ausgaben in Stettin und Nürnberg vor 1700.

1.6. Handausgabe 1843

Aller guten Dinge sind drei: Nach 1841 und 1842 erscheint des Weiteren 1843 eine Neuauflage der Ebeling-Ausgabe. Herausgeber ist Philipp Wackernagel, Jg. 1800, ebenfalls Zögling des Grauen Klosters zu Berlin, ein früher Anhänger von Turnvater Jan, später ein fachlich vielseitig interessierter Nicht-Theologe, in Erlangen im Fach Mineralogie promoviert. In zahlreichen Quellenwerken wird er das ältere geistliche Liedgut der Deutschen erschließen, aber auch allgemeine »altdeutsche« Poesie.[3]

---

[3] Dieser Gerhardt-Ausgabe voraus geht 1841 Wackernagels Werk *Das deutsche Kirchenlied, von Martin Luther bis auf Nicolaus Herman und Ambrosius Blaurer*, ein dickes Buch nur für den Zeitraum von Luther bis zum 1560 ver-

Paulus Gerhardts geistliche Lieder
getreu nach der bei seinen Lebzeiten erschienenen Ausgabe
wiederabgedruckt.

Wackernagel verlegt damals in einem Stuttgarter Verlag. Nach einigen Jahren in Berlin ist er jetzt Lehrer an einem christlichen Privatgymnasium in Stetten im Remstal, das sein Schwager Valentin Strebel leitet, den er aus gemeinsamer Lehrerzeit in Nürnberg kennt. Der spezifische Nutzen dieser Edition ist das handliche und kompakte Oktav-Format, was die Anschaffung erschwinglich macht und so der Verbreitung in »Kirche und Volk« dienlich ist. Die Vorrede beginnt signifikant (VI):

»Eine neue Handausgabe der Lieder Paul Gerhardts findet ihre Rechtfertigung in dem sich immer allgemeiner aussprechenden Verlangen, nach so vielen Jahren der Verkümmerung die Lieder unsrer großen geistlicher Dichter wieder in derselben ursprünglichen Reinheit verbreitet zu sehen, in welcher es die Poesien der weltlichen Dichter sind, in welcher allein auch Kirche und Volk sie als ihr unschätzbares Erbe und Eigenthum erkennen.«

Für die Befriedigung des »allgemeinen« Bedürfnisses bedarf es hier keines Apparates und keiner ausführlichen Quellen-Dokumentation. Auf nur 20 Seiten Vorrede, welche ebenfalls einen Lebensabriss enthält und philologisch die Vorrangigkeit der Ebeling-Ausgabe gegenüber Feustking begründet, folgt eine optisch ansprechende Liedpräsentation. Wackernagel hat eine eigene Rubrizierung der 120 Gesänge vorgenommen, was hier nicht thematisiert werden kann.

Eine zweite Auflage, ergänzt um die fünf Gerhardt-Gedichte aus Leichenpredigten, erscheint sechs Jahre später, 1849, in politisch turbulenten

---

storbenen Joachimsthaler Nikolaus Hermann und dem 1564 verstorbenen süddeutschen Reformator Ambrosius Blårer.

Zeiten. Wackernagel bemerkt dazu in der mit »Februar 1849« datierten Vorrede zur zweiten Auflage (XXVI):

> »Gott Lob, daß ein deutscher Verleger noch den Muth hat, geistliche Lieder von Neuem drucken zu lassen. Gott Lob, daß sie fest sind, wie der Fels, auf dem sie stehen, daß es fürder unmöglich ist, das christliche Gesangbuch nach der Politik und dem Geschmack des herrschenden Zeitgeistes umzugestalten.«

Bei der Revolution sieht Wackernagel Verführer des Volkes zu Gange, vor denen es bewahrt werden möge. Wiederum vier Jahre später, 1853, bringt der Verlag einen unveränderten Neudruck dieser zweiten Auflage. Schon 1855 folgt ein weiterer Neudruck, diesmal sogar im noch kleineren »Taschenformat« – sozusagen in Smartphone-Größe. Und dieses Format wird 1861 nochmals neu aufgelegt. Offensichtlich gab es also einen großen Bedarf in der Breite des christlichen Volks, um das Wackernagel so besorgt war.

Man wird sagen können, dass gerade mit dieser Wackernagel-Edition das »christliche deutsche Volk« seinen Paul Gerhardt wieder zurückhatte, und zwar unabhängig davon, wie weit diesbezüglich die offiziellen Kirchengesangbücher damals waren. Diese Ausgabe war z. B. auch die Basis dafür, dass der ziemlich mittellose fränkische Pfarrer Friedrich Mergner (1818–1891) in den 1860er-Jahren den gesamten Gerhardt-Liedbestand neu vertonen konnte.

2. Lieder Paul Gerhardts in privaten Liedsammlungen

Dieser Bereich kann hier leider nicht näher behandelt werden, obwohl er sehr spannend ist. Ziemlich lange, ehe die kirchlichen Gesangbücher in die Spur kamen, haben zahlreiche engagierte Privatleute geistliche Liedersammlungen mit den alten Liedern in ihrer ursprünglichen Gestalt ediert. Dietz listet in seinem dicken Buch über die Gesangbuchrestauration insgesamt 24 »Privatversuche« auf, am Ende steht da ein Mustergesangbuch von Wackernagel aus dem Jahr 1860 mit 224 Liedern als Kernbestand evangelischen Singens. An Position 4 in der Liste von Dietz findet sich aus dem Jahr 1831 das schlicht *Sammlung geistlicher Lieder* genannte Buch von Wackernagels Erlanger Ziehvater Karl von Raumer (1783–1865), einer der Köpfe der Erweckungsbewegung in Erlangen, beruflich Professor der Mineralogie. Dazu nur die statistische Angabe: Bei 535 Liedern – exakt so viele wie im Stammteil des EG von 1993 – sind stolze 42 Titel von Paul Gerhardt abgedruckt, also deutlich mehr als heute im EG, und zwar nach der Feustking-Ausgabe, die für Raumer vor 1830 das Nächstliegende war.

Aus der Vorrede, datiert auf 2. Mai 1830, sei ein Passus zitiert zur Frage der Anstößigkeit von sprachlichen Wendungen in alten Liedern. Ein Kriterium Raumers bei der Liedauswahl war, ob Informationen über eine segensreiche Wirkung der Lieder auf »gläubige Christen« vorliegen. Er bittet nun seine Leser ausdrücklich darum, »kein Geschmacksärgerniß an dem zu nehmen, was ihnen nicht zusagt, sondern zu denken: es werde auch seine Liebhaber finden (IV).« Wörtlich fährt er fort:

»Ich muß diese Bitte um so dringender thun, als ichs leider erfahren, welche kalte kritische Stimmung in unsrer Zeit herrscht, die alle Wärme der Andacht ertödtet. Wer recht hungrig ist, der stößt sich gewiß nicht, wenn man ihm sonst gute, gesunde Speise vorsetzt, an ein hineingeflogenes Kohlenstäubchen, sondern ißt. Wer einen rechten geistlichen Hunger hat, der wird eben so wenig, wenn man ihm ein geistlich nährendes, erbauliches Lied giebt, großen Anstoß an irgend einem Ausdruck nehmen, den bekritteln, statt andächtig zu genießen, und sich zu stärken. Und was wird zuletzt von so vielen bekrittelt? Ists denn eine gründliche Sprachkenntniß oder ein ächt poetisches Gefühl, welche ein Ärgerniß nehmen? Gewiß nicht; man stößt sich am ungewöhnlichen, selbst am biblischen Ausdruck, oft auch an der herben Wahrheit der alten Lieder, welche sich nicht im engen Kreise einer willkührlich conventionellen Dichtersprache bewegen, sondern jedes Ding beim rechten Namen nennen.«

»Wärme der Andacht«, »andächtig genießen«, »geistlich nährende« Lieder – das sind passende Metaphern, die man sich merken kann.

Raumer hat dann nach Wackernagels Gerhardt-Edition für eine revidierte und erweiterte Neuauflage seiner Liedersammlung diesen seinen Freund als Mitarbeiter herangezogen. Jetzt ist mit 57 Gerhardt-Titeln bei 564 Liednummern sogar die 10%-Hürde genommen und es gelten nun die Ebeling-Fassungen. In einem ergänzenden Vorwort, datiert auf 18. Mai 1845, unterstreicht Raumer nochmals den Wert der alten Liedfassungen für die Frömmigkeit (XVI) und schimpft geradezu:

»der ist ein Feind, der sie uns raubt oder mit jeder Zeile, die uns erst wohl that, und die wir jetzt nicht wieder finden, einen Geißelschlag gibt. Und überdem machen sich ja die, für die geändert wird, meistens aus allen Kirchengesängen, wie sie auch sein mögen, wenig ...«

3. Lieder Paul Gerhardts in kirchlichen Gesangbüchern

Zur Gesangbuchgeschichte in den Landeskirchen seit 1850 sei zu drei Punkten kurz etwas benannt:

- Die Liedauswahl im Eisenacher Kernlieder-Gesangbuch
- Strophenstreichungen
- Problematik der Textfassungen

3.1. Die Eisenacher Kernlieder

Die deutsche evangelische Kirchen-Conferenz, also die Vorstufe der EKD in der Mitte des 19. Jahrhunderts, hat als eine ihrer ersten kirchenleitenden Maßnahmen die Erarbeitung eines Kanons von gemeinsamen Kirchenliedern für alle Gliedkirchen unternommen.[4] Die Sache wurde 1851 auf den Weg gebracht. Man einigte sich auf die Erarbeitung eines relativ

---

[4] Die Vorgänge sind bei Dietz (wie S. 103)ab S. 260 detailliert festgehalten.

schmalen Bestandes von 150 »Kernliedern« (in Analogie zu den 150 Psalmen), um die Landeskirchen nicht zu sehr zu bevormunden. Um diesen Kern herum sollten sie dann ihre je eigenen Gesangbücher konzipieren können. Die dafür eingesetzte Kommission bestand aus lediglich fünf Personen, darunter Philipp Wackernagel, dazu zwei speziell musikalisch Kundige. Das Ergebnis hieß *Deutsches Evangelisches Kirchen-Gesangbuch. In 150 Kernliedern* und wurde mit Vorwortdatum 31. Mai 1853 zum Druck freigegeben, der im Folgejahr erfolgte.

Mit 15 Gerhardt-Liedern wird hier exakt die beachtliche 10%-Quote erreicht. Auch wenn Luther auf genau das Doppelte kommt – was mit der speziellen Aufgabenstellung einer solchen »Kernlieder«-Sammlung zu tun hat – ist damit klar, dass sich Paul Gerhardt über die Verwüstungen des Rationalismus hinweg als zum Grundreservoire kirchlichen Singens gehörend erwiesen hat.

Zum Kirchenjahr gehören *Wie soll ich dich empfangen* für Advent, *Wir singen dir Immanuel* für Weihnachten, *Nun lasst uns gehn und treten* zur Jahreswende; *O Haupt, voll Blut und Wunden / O Welt, sieh hier dein Leben* und auch *Ein Lämmlein geht und trägt die Schuld* zur Passion, *Zeuch ein zu deinen Thoren* zu Pfingsten.

Es fehlen die heutigen Lieblinge zu Weihnachten *Fröhlich soll mein Herze springen* und *Ich steh an deiner Krippen hier*, und Ostern kommt ohne *Auf, auf mein Herz mit Freuden* aus. Man wird sagen können, dass auf alles sprachlich und metaphorisch eher Exaltierte, wie es namentlich für mystische Redeweise charakteristisch ist, hier verzichtet wurde. Die Ausnahme, welche die Regel bestätigt, ist das *Lämmlein*-Lied zur Passion.

In der Abteilung »Kirche und Sakramente« finden sich unter »Lob und Dank am Tag des Herrn« die beiden Gerhardt-Lieder *Ich singe dir mit Herz und Mund* und *Nun danket all und bringet Ehr*, übrigens zum ersten Mal mit der gemeinsamen Melodiezuweisung, die sich seither bewährt hat. *Sollt ich meinem Gott nicht singen* steht in der Großrubrik »Heiligung« unter »Friede und Freude«; unter »Vertrauen und Trost« kommt Paul Gerhardt dann voll zum Zug mit *Befiehl du deine Wege / Gib dich zufrieden und sei stille / Ich bin ein Gast auf Erden / Ist Gott für mich, so trete / Warum sollt ich mich denn grämen.* Alle diese Liedtitel gehören bis heute zur eisernen Paul-Gerhardt-Ration im Gesangbuch.

Morgen- und Abendlieder wollte dieses dezidierte »Kirchen-Gesangbuch« nicht aufnehmen, weshalb übrigens Wackernagel die Kommission verließ. So fehlen auch die Gerhardt-Klassiker hierzu.[5] Auch für *Geh aus, mein Herz, und suche Freud* gab es keine Rubrik. Dies kam in späteren Landesgesangbüchern dann gern in den Anhang mit »Geistlichen Volksliedern«.

3.2. Strophenstreichungen

Dass bei den langen Gerhardt-Liedern Strophen gestrichen werden, wird für alle »Kirchen-Gesangbücher« seit Eisenach zum Kennzeichen. Natürlich kann man 15 Strophen von *Gib dich zufrieden* nicht alle in der Kirche singen (außer in einem speziellen Lied-Gottesdienst), das war aber wohl auch nie das Hauptkriterium. Kirchenleitende Gesangbuchredaktoren meinen ab jetzt stets, die Christenmenschen vor bestimmten Inhalten und Formulierungen schützen zu müssen.

Gravierend ändern will man die Texte nach den bösen Erfahrungen in der vorigen Epoche nicht mehr, lieber lässt man dann bei einem Lied mit »anstößigen« Formulierungen die fraglichen Strophen weg.[6] Bei *Gib dich zufrieden* fehlt mit 5 Strophen ein Drittel des Bestandes, bei *Ich bin ein Gast auf Erden* fehlen zwei von 14, bei *Ist Gott für mich* vier von 15. Die Lobgesänge sind vollständig, sogar alle 18 Strophen von *Ich singe dir mit Herz und Mund*, auch *Sollt ich meinem Gott nicht singen* mit zwölf langen Strophen (wo es heute im EG nur noch 10 sind). Das Problem war

---

[5] Etwa *Wach auf, mein Herz und singe* und *Nun ruhen alle Wälder.*
[6] Vgl. im Vorwort zum *Entwurf eines Gesangbuches für die protestantische Kirche im Königreiche Bayern diesseits des Rheins*, Sulzbach 1848 (III f.): »Die Änderungen hatten sich in der Regel auf einzelne Ausdrücke zu beschränken. Durchgreifende Umgestaltungen sollten durch Weglassung der anstößigen Verse [gemeint: Strophen, K. K.] oder Lieder vermieden werden.«

also nicht die Liedlänge. Bei den Liedern zum Kirchenjahr sind als Fehlstrophen zu verzeichnen: fünf von 20 bei *Wir singen dir Immanuel*, zwei von 15 beim Neujahrslied. Bei den Passionsliedern muss *O Haupt, voll Blut und Wunden* auf die eine Strophe mit *der roten Lippen Pracht* verzichten; bei *O Welt, sieh hier dein Leben* fehlen vier von 16, beim *Lämmlein*-Lied sind es – wie auch heute im EG - drei von zehn, allerdings fehlt da die signifikante Strophe mit dem *Sprachgesell*, dafür hatte man keine Scheu vor *Was schadet mir des Todes Gift?* Beim Pfingstlied stehen zwölf Strophen von maximal 16. Nur sechs der 15 Gerhardt-Lieder sind bei den Eisenacher Kernliedern also vollständig.

Wenn nun dieses *Kernlieder*-Gesangbuch einen quasi kanonischen Anspruch erhebt, wird es für die Landeskirchen schwierig, bei den hier repräsentierten Kernliedern andere Fassungen zu wählen. Bayern hat schon 1855, also kurz nach der Eisenacher Publikation, sein neues Gesangbuch eingeführt und sich in der Frage der Melodien bemerkenswert konsequent an Eisenach mit den rhythmischen Urformen gehalten. Der bayerische Vorentwurf war allerdings schon 1848 erschienen, also bevor die Eisenacher Kommission ihre Arbeit aufnahm. So lässt sich genau nachvollziehen, welchen konkreten Einfluss die *Kernlieder* genommen haben.

Beim Pfingstlied hat der bayerische Vorentwurf 13 Strophen, endgültig sind es 12 wie bei den Kernliedern. Beim Weihnachtslied *Wir singen dir, Immanuel* übernimmt Bayern zwar die Melodiezuweisung von Eisenach *Gelobet seist du Jesu Christ* (vorher Osterlied *Erschienen ist der herrlich Tag*), steigert aber von vorher 15 Strophen (in etwas anderer Auswahl als Eisenach) auf 18. Beim Neujahrslied bleibt Bayern bei seinen 14 Strophen statt 13 bei den Kernliedern. Beim *Lämmlein*-Lied hatte der Vorentwurf auch nur 7 Strophen (andere Auswahl) und traute sich das *Lämmlein* nicht: Es heißt da stets *ein Lamm / das Lamm*. Sechs Jahre später ist das *Lämmlein* zurück und die Bayern leisten sich sogar 9 der 10 Strophen, also zwei mehr als Eisenach. *Gib dich zufrieden* war im bayerischen Vorentwurf vollständig mit allen 15 Strophen und blieb es auch 1855. Offensichtlich verstand sich das evangelische Bayern schon damals als eine

Art »Freistaat«, der sich von zentralistischen Vorgaben nicht einschüchtern lässt.

Es wäre ermüdend, weitere Gesangbücher in Sachen Strophenstreichungen zu durchforsten. Auch die jüngere Gesangbuchgeschichte, etwa beim Weg vom EKG zum EG, bietet da genügend Anlass zum Ärgernis. Selbst die sehr Gerhardt-freundliche Selbständige Evangelisch-Lutherische Kirche (SELK), die in ihrem neuen Gesangbuch von 2021 stolze 34 PG-Lieder (von 800) bringt und somit einige, die das EG nicht mehr hat, praktiziert weiterhin Strophenstreichungen, zwar etwas weniger als im EG – *Du meine Seele singe* 9 statt 8 (*Kot* fehlt weiterhin) –, aber gleichwohl beträchtlich: 14 von 20 bei *Wir singen dir Immanuel*. Dass im *Gotteslob* (2013) Gerhardt-Lieder nur in rudimentärer Gestalt vorkommen können, ist aufgrund der andersartigen Konzeption dieses katholischen Kirchengesangbuchs klar.[7] In Sachen Verzicht auf Strophenstreichungen kann die von der EKD nun anvisierte neue Struktur einer Gesangbuch-Datenbank Hoffnung geben. Auf einer Datenbank kann man ohne materiellen Zusatzaufwand alle Strophen hinterlegen und es getrost und unverzagt dem Wehen des Geistes bei der Liedauswahl überlassen, dass die für die jeweiligen Nutzer »nicht anstößigen« gewählt werden.

3.3. Die Problematik der Textfassungen

Bei der Frage der Textfassungen, bzw. Textänderungen, gibt es zunächst das rein philologische Problem, welche der historischen Ausgaben bei den Gesangbuchredaktoren als maßgeblicher »Urtext« gilt. Wir haben gesehen, dass die Editoren der Werkausgaben 1841 bis 1843 im Gegenüber von Feustking-Edition und Ebeling-Ausgabe sich zu letzterer als maßgeblich durchgerungen haben, weil sie die letzte Ausgabe zu Lebzeiten des Autors ist. Demzufolge bringen die kirchlichen Gesangbücher von Eisenach bis in die 1930er-Jahre in der Regel die Ebeling-Fassungen.

---

[7] S. dazu den Beitrag von Ansgar Franz und Christiane Schäfer in diesem Band.

Erst die neue, vermeintlich konsequent historisch-kritische Philologie, erstmals umgesetzt von Johann Friedrich Bachmann mit seiner Berliner Werkausgabe von 1866,[8] dann im 20. Jahrhunderts Leitwissenschaft, hat die greifbaren Erstfassungen der Lieder in Crügers Gesangbüchern zum eigentlichen Gerhardt-Text erklärt, weshalb das EKG von 1950 diesbezüglich umpolt und auch das EG von 1993 ihm darin folgt. Ein Musterbeispiel ist Strophe 4 von *Ist Gott für mich, so trete*. In der PPM 1653 heißt es: *Mein Jesus ist mein Ehre, mein Glanz und schönes Licht*, bei Ebeling aber lautet es sprachlich verfeinert: *Mein Jesus ist mein Ehre, mein Glanz und helles Licht*. Auch die Methodistische Kirche in ihrem Gesangbuch von 2002 und jetzt die SELK folgen der EKG/EG-Linie. Die Schweizer Reformierten haben 1998 diese Strophe übrigens ganz gestrichen. Da stand ihnen sonst wohl zu viel »Anstößiges« drin – z. B. *vergehen wie Wachs in Feuershitz*. Es ist zu befürchten, dass die vor kurzem in Hamburg gestartete historisch-kritische Gerhardt-Gesamtausgabe nach der Ebeling-Edition zu spät kommt, um noch das neue EKD-Gesangbuch zu beeinflussen. M. E. war es eine Fehlentscheidung, die Crüger-Fassungen Ebeling vorzuziehen.[9] Eine Rolle spielen hierbei natürlich auch die Festlegungen der Arbeitsgemeinschaft ökumenisches Liedgut seit 1969.[10] In Anbetracht der Tendenz, Strophen mit »anstößigen« Formulierungen wegzulassen, erübrigt sich bei den kirchlichen Gesangbüchern heute die Notwendigkeit zu weiteren Textänderungen weitgehend. Es bleiben sozusagen sprachliche Kleinigkeiten. Wir hatten bei

---

[8] Johann Friedrich Bachmanns durchaus epochale historisch-kritische Werkausgabe wäre eine eigene Untersuchung wert in Relation auch zu späteren Editionen und kann hier nicht behandelt werden.

[9] Vgl. dazu Elke Liebigs Ausführungen »Textfassungen der Gerhardtlieder« in dies., Johann Georg Ebeling und Paul Gerhardt: Liedkomposition im Konfessionskonflikt. Die Geistlichen Andachten Berlin 1666/67, Frankfurt 2000, 109–111.

[10] Die AÖL-Liederliste, die heute interkonfessionell eine Funktion übernimmt wie seinerzeit die Eisenacher Kernlieder für den protestantischen Bereich, ist leider nicht allgemein zugänglich.

der Anthologie Wilhelm Müllers aus den 1820er-Jahren die Tilgung des Genitivs *voll Lichtes, Trosts und Gnaden* gesehen. Das hat die Eisenacher nach 1850 nicht mehr gestört und so ist der Genitiv über EKG und EG bis zum SELK-Gesangbuch erhalten geblieben, während die reformierten Schweizer 1998 Herrn Müller und dem modernen Sprachgebrauch folgten.

Ein weiteres signifikantes Detail-Beispiel sei zum Schluss aufgeführt.

Mein Herze geht in Sprüngen
und kann nicht traurig sein,
ist voller Freud und Singen,
sieht lauter Sonnenschein. (EG 351,13)

Sprachlich sensible Menschen merken, dass da mit dem Reim etwas nicht ganz stimmt. *Sprüngen / Singen* ist ein unreiner Reim, was in deutschen Landen seit Martin Opitz 1624 eigentlich geächtet ist. Tatsächlich hieß es bei Paul Gerhardt (in Crügers wie Ebelings Versionen) *Mein Herze geht in Springen* – und der Reim ist korrekt. Die Eisenacher Kernlieder haben das jetzige *in Sprüngen* kirchlich approbiert, und obwohl die Bayern ein Jahr später und auch noch bei der Revision 1928 mutig bei *in Springen* blieben, haben sich die *Sprünge* durchgesetzt (bis hin zur SELK).

In derselben Strophe gibt es am Ende eine weitere sprachliche Abweichung. Aus den Gesangbüchern haben wir alle im Ohr und im Herzen: *das, was mich singen machet, ist was im Himmel ist.* Paul Gerhardt aber dichtete: *das, was mich singend machet ...* Sind die modernisierten Fassungen wirklich zeitgemäßer? Es sei darauf hingewiesen, dass *in Springen* heute sprachlich wieder modern ist: Wir könnten vom Springen-Modus reden, aber auch anglizistisch ist das kompatibel. Zu *singend*: Abgesehen von der inhaltlichen Präzision feiert das Gerundium heute doch fröhliche Urständ etwa bei Bemühungen um gendergerechte Sprache: die Studierenden usw.

Das unschlagbare Argument für *singend* aber wäre, dass nur in dieser Sprachform das Kürzel SDG enthalten ist, mit dem Paul Gerhardt hier in der Schlussstrophe offensichtlich sein Lied signiert. Kann man ein »Soli Deo Gloria« bei Paul Gerhardt wegretouchieren?[11]

S   Soli
I
N
G   Gloria
E
N
D   Deo

---

[11] Günter Balders hat in seinem großen Beitrag zur Buchstabensymbolik zwar die S-D-G-Signatur in der ersten Liedstrophe benannt, aber die Schlussstrophe nicht im Blick gehabt. Vgl. G. Balders, »Mein Herze soll dir grünen ...« Buchstabensymbolik und kleine Formelemente bei Paul Gerhardt, in: Winfried Böttler (Hg.), »Mach in mir deinem Geiste Raum«. Poesie und Spiritualität bei Paul Gerhardt (Beiträge der Paul-Gerhardt-Gesellschaft, Bd. 5), Berlin 2009, 55–124, hier 87.

»Ein Lied ist deshalb noch nicht protestantisch, weil es von einem evangelischen Dichter stammt«
Die Lieder Paul Gerhardts in den katholischen Gesangbüchern

Ansgar Franz und Christiane Schäfer

Durchsucht man das katholische Gebet- und Gesangbuch *Gotteslob* von 2013 nach Liedern von Paul Gerhardt, stößt man im Stammteil auf sieben und in den verschiedenen regionalen Eigenteilen noch einmal auf sieben Belege. Zusammen mit über 70 weiteren Liedern, die der Stammteil des *Gotteslob* mit dem des *Evangelischen Gesangbuchs* (1993) gemein hat, darf man in diesem Befund eine Bestätigung dessen sehen, was der Germanist Hermann Kurzke 2013 in einer Rezension zum damals neuen katholischen Gesangbuch so formuliert hatte:

> »Obgleich der Gesamteindruck [des *Gotteslob*] ein dezidiert katholischer ist, gehört zu den wichtigsten Quellen das *Evangelische Gesangbuch* aus dem Jahr 1993 […]. Das Evangelische ist hier kein Feindgebiet mehr, sondern ein selbstverständlicher Bereich des Katholischen.«[1]

Doch ist das erst eine neuere Entwicklung? Wann sind Lieder von Paul Gerhardt in die katholische Tradition gelangt? Um welche der zahlreichen von Paul Gerhardt gedichteten Gesänge handelt es sich? In welcher Gestalt haben sie Aufnahme gefunden? Gibt es vielleicht sogar Gerhardt-Lieder, die heute nur noch in einem katholischen Gesangbuch stehen? Diesen Fragen soll im Folgenden nachgegangen werden. Dabei haben wir uns in der Hauptsache auf die im Gesangbucharchiv der Johannes Gutenberg-

---

[1] Hermann Kurzke, Von guten Mächten, faz.net, 24.11.2013, URL: https://www.faz.net/aktuell/politik/die-gegenwart/katholische-kirche-von-guten-maechten-12678951.html (Stand: 15.02.2024).

Universität Mainz vorhandenen Buchbestände und die dort zur Verfügung stehenden digitalen Forschungsinstrumente gestützt. Hier ist besonders die »Hymnologische Datenbank« (HDB) zu nennen, die auf umfangreiche Vorarbeiten des Mainzer Gesangbucharchivs und des Straßburger Lehrstuhls für Kirchenmusik und Hymnologie (Prof. Dr. Beat Föllmi) zurückgeht. Die HDB führt die Daten der beiden im Mainzer Gesangbucharchiv über viele Jahre hinweg aufgebauten Datenbanken zusammen: »Gesangbuchbibliographie« – sämtliche gedruckten deutschsprachigen Gesangbücher der verschiedenen Konfessionen von der Reformation bis zur Gegenwart – und »Liedkatalog« – Liedbestände von rund 400 wirkungsgeschichtlich besonders relevanten Gesangbüchern. Verbunden wird so die bibliographische Erfassung der Bücher mit der Erschließung der Lieder.[2] Sie gibt derzeit Auskunft über rund 30.000 Gesangbuchtitel und weist die Verbreitung von ungefähr 40.000 Liedtiteln nach. Dabei wird sichtbar, welche Wege ein Lied bei seiner Verbreitung einschlägt, ob es Überlieferungslücken gibt oder wann ein Lied Konfessionsgrenzen überschreitet.

Von den insgesamt 140 von Paul Gerhardt verfassten Liedern sind laut HDB 20 Lieder in katholischen Gesangbüchern nachweisbar. Manche schon im 18. und frühen 19. Jahrhundert, die meisten aber erst im 20. Jahrhundert. Wir werden hier die wichtigsten Überlieferungsstationen vorstellen und anhand einiger ausgewählter Liedbeispiele (Exkurse 1–3) etwas genauer beschreiben, wie mit Gerhardts Liedern bei der Übernahme in die katholische Überlieferung verfahren worden ist.

---

[2] Weitere Informationen zur Entwicklung der Mainzer Datenbanken und zur »Hymnologischen Datenbank« s. die Internetseiten der Forschungsstelle »Kirchenlied und Gesangbuch«: https://www.gesangbucharchiv.uni-mainz.de/gesangbuchbibliographie/ (Stand: 15.02.2024).

1. Die Gesangbücher der Aufklärung

Die ersten HDB-Belege von Liedern Paul Gerhardts lauten »Paderborn 1765«[3], »Mastiaux 1810/11«[4] und »Lippstadt 1830«[5]. Dabei handelt es sich um Gesangbücher, die gesangbuchgeschichtlich der Aufklärung zuzuordnen sind. Die geistesgeschichtliche Epoche der Aufklärung wirkt sich nämlich, zeitlich verspätet zwar, dann aber sehr deutlich auch auf die katholische Gesangbuchgeschichte aus. So ändert sich ab der Mitte des 18. Jahrhunderts der Liedbestand in den Gesangbüchern radikal. Das alte Liedgut wird entweder stark überarbeitet oder zu großen Teilen ganz ausgeschieden. An die Stelle der verdrängten Lieder treten Neuschöpfungen und auch – dem Geist der konfessionellen Irenik der Aufklärung entsprechend – protestantische Lieder.[6]

Ein Beispiel für den Versuch, den katholischen Liedbestand durch protestantische Lieder zu erweitern, ist das *Catholisch-Paderbornische Gesangbuch* von 1765.[7] Es enthält insgesamt 80 Lieder evangelischer Autoren, z. B. in größerem Umfang Lieder von Benjamin Schmolck (1672–1737). Auch drei der von Paul Gerhardt gedichteten Lieder haben Aufnahme gefunden: *Warum sollt ich mich denn grämen / Sollt ich meinem Gott nicht singen / O Haupt voll Blut und Wunden*. Während katholische

---

[3] *GOTT, und der allerseeligsten Gottes-Gebährerin, und Jungfrauen MARIAE gewidmetes, Neues, verbessert- und vermehrtes Catholisch Paderbornisches Gesang-Buch.* […], Paderborn 1765.

[4] *Katholisches Gesangbuch zum allgemeinen Gebrauche bei oeffentlichen Gottesverehrungen.* Erster und zweiter Band, München 1810; Dritter Band, München 1811; das von Kaspar Anton Freiherr von Mastiaux herausgegebene Gesangbuch wird üblicherweise unter dessen Nachnamen zitiert.

[5] *Der heilige Gesang, oder vollstaendiges katholisches Gesangbuch fuer den oeffentlichen Gottesdienst und die haeusliche Andacht.* Herausgeben von M. L. Herold. Lippstadt 1830.

[6] Vgl. Dominik Fugger, Die Aufklärung (18. und 19. Jahrhundert), in: ders. / Andreas Scheidgen (Hg.), Geschichte des katholischen Gesangbuchs (Mainzer Hymnologische Studien 21), Tübingen 2008, 21–32.

[7] Paderborn 1765 (s. Anm. 3).

Gesänge aus der Zeit des Barock in diesem Gesangbuch häufig deutliche Überarbeitungen erfahren haben, wurden diese drei Lieder ungekürzt und mit nur wenigen Textänderungen übernommen. So endet zum Beispiel die erste Strophe von *Warum sollt ich mich denn grämen* mit *ich will auch auf den Himmel hoffen, dann die Thür / stehet mir / durch die Buße offen* anstelle von *Wer will mir den Himmel rauben / Den mir schon / Gottes Sohn / Beigelegt im Glauben* – wodurch der Aspekt der Buße anstelle der Glaubenszusage neu in den Text eingeführt wird. Insgesamt aber zeigt sich hier die von der Aufklärung getragene, größere konfessionelle Offenheit vor allem in dem Versuch, das eigene Repertoire durch Lieder protestantischer Autoren zu erweitern. Das löste aber größere Irritationen aus, die das Experiment sehr schnell scheitern ließen. Denn schon in der folgenden Auflage des Paderborner Gesangbuchs von 1770 sind die allermeisten dieser Lieder protestantischer Herkunft wieder ausgeschieden.[8] Unter den direkt wieder ausgesonderten Liedern befinden sich auch die drei Titel von Paul Gerhardt. Für *Warum sollt ich mich denn grämen* und *Sollt ich meinem Gott nicht singen* war dies ein einmaliger und sehr kurzer Ausflug in die katholische Überlieferung, im Fall von *O Haupt voll Blut und Wunden* dürfte die Aufnahme in das Paderborner Gesangbuch von 1765 die weitere katholische Überlieferung des Liedes positiv beeinflusst haben, wie wir an anderer Stelle noch sehen werden.

In der dreibändigen Anthologie *Katholisches Gesangbuch zum Allgemeinen Gebrauch bei öffentlichen Gottesverehrungen*, die von Kaspar Anton von Mastiaux herausgegeben wurde und 1810/11 in München erschienen ist,[9] finden sich unter den mindestens 380 Liedern evange-

---

[8] Vgl. Wilhelm Bäumker, Das katholische deutsche Kirchenlied in seinen Singweisen. Dritter Band. Nachdruck der Ausgabe Freiburg 1891, Hildesheim 1997, 78–81; Erika Heitmeyer, Sursum Corda. Vom Wesen und Wirken eines geistlichen Bestsellers. Begleitheft zur Ausstellung der Erzbischöflichen Bibliothek Paderborn zur Geschichte des Paderborner Diözesan-Gesangbuchs, Paderborn 1999, 31–38.

[9] Mastiaux 1810/11 (s. Anm. 4).

lischen Ursprungs ebenfalls drei Lieder von Paul Gerhardt, und zwar wiederum *O Haupt voll Blut und Wunden* (mit verändertem Initium *O Herz voll Blut und Wunden*)[10], *O Welt sieh hier dein Leben* und *Wie soll ich dich empfangen*. Sie alle sind sowohl im Umfang gekürzt als auch im Text sehr stark umgeschrieben worden. Bei der Auswahl der Fassungen orientiert man sich an den evangelischen Aufklärungsgesangbüchern, in denen Paul Gerhardts Lieder entweder gar nicht mehr oder in stark überarbeiteten bzw. fast neu gedichteten Fassungen erschienen. Daraus können innerhalb der katholischen Überlieferung auch ganz eigene Entwicklungen entstehen, wie anhand des Liedes *Wie soll ich dich empfangen* zu beobachten ist.

Exkurs 1 – *Wie soll ich dich empfangen*

Das Lied umfasst im Original 10 Strophen und erschien erstmalig 1653 in der *Praxis Pietatis Melica*[11]. Es thematisiert die verschiedenen Weisen der Ankunft Jesu in der Welt – seine Menschwerdung, sein heilbringendes Wirken in der Welt und die Vollendung dieses Wirkens durch seine Wiederkunft am Ende der Zeiten. In die katholische Tradition gelangt das Lied zuerst im »Mastiaux«, und zwar um zwei Strophen gekürzt und textlich stark bearbeitet. Diese Fassung orientiert sich an der 1774 zuerst veröffentlichten Neufassung des Gerhardt-Liedes durch Christoph Friedrich Neander[12], die dann auch Eingang in die evangelischen Aufklärungsgesangbücher (wie zum Beispiel den »Mylius« von 1780[13]) findet. Stellt

---

[10] S. u. Exkurs 3.
[11] *PRAXIS PIETATIS MELICA. Das ist: Vbung der Gottseligkeit in Christlichen und trostreichen Gesängen* […] Berlin 1653 (VD17 12:121769R).
[12] *C. F. Neanders Geistliche Lieder: Zwote und letzte Sammlung.* Riga 1774, 36–39.
[13] *Gesangbuch zum gottesdienstlichen Gebrauch in den Königlich=Preußischen Landen.* Berlin 1780 (VD18 90735838).

man verschiedene Strophen der Fassungen von Gerhardt, Neander und Mastiaux gegenüber, so sieht man deutlich, wie weitreichend diese Textveränderungen waren.

Gerhardt	Neander	Mastiaux
1. Wie soll ich dich empfangen	1. Wie soll ich dich empfangen,	1. Wie soll ich dich empfangen
und wie begegn ich dir,	**Heil aller Sterblichen?**	Heil aller Sterblichen!
o aller Welt Verlangen,	**Du Freude, du** Verlangen	Du Freude, du Verlangen,
o meiner Seelen Zier?	**Der Trostbedürftigen,**	Der Trostbedürftigen!
O Jesu, Jesu, setze	Gib selbst mir zu erkennen,	
mir selbst die Fackel bei,	Wie, deiner Güte voll;	
damit, was dich ergötze,	Dich meine Seele nennen,	
mir kund und wissend sei.	Dich würdig preisen soll.	
2. Dein Zion streut dir Palmen	2. Dein Zion streut dir Palmen,	
und grüne Zweige hin,	Und meine Dankbegier	
und ich will dir in Psalmen	Ergießt sich in Dankpsalmen	
ermuntern meinen Sinn.	Sich, Gütigster, vor dir.	
Mein Herze soll dir grünen	**Dich, dich will ich erheben,**	Ich will dich, Herr! erheben,
in stetem Lob und Preis	**So gut ich Schwacher kann;**	So gut ich Schwacher kann;
und deinem Namen dienen,	**Mein Herz will ich dir geben,**	Mein Herz will ich dir geben,
so gut es kann und weiß.	**Ach nimm es gnädig an.**	Ach, nimm es gnädig an.
	[...]	[...]
	5. O du, an den ich glaube,	4. O du, an den ich glaube,
	Was wars, das dich bewog?	Was wars, was dich bewog?
	Was wars, das dich zum Staube,	Was wars, was dich zum Staube

	Zu mir hernieder zog?	Zu mir hernieder zog?
	Dein göttliches Erbarmen!	Dein göttliches Erbarmen!
	Ja, du o Jesu, hast	Ja, du, o Jesu, hast
	Mit mitleidvollen Armen	Mit mitleidvollen Armen
	Die ganze Welt umfaßt.	Die gantze Welt umfaßt.

Vom ursprünglichen Paul-Gerhardt-Text bleibt außer dem Initium und weiteren kleineren Anleihen schon bei Neander so gut wie nichts erhalten. Einige katholische Gesangbücher greifen am Ende des 19. Jahrhunderts die Mastiaux-Fassung auf und kürzen diese. Joseph Mohr[14] entscheidet sich zum Beispiel für die erste und die vierte Strophe und ordnet das Lied in seinem 1881 erschienenen Gesangbuch *Lasset uns beten!*[15] in die »Erste Singmesse« ein, und zwar unter der Überschrift »Vom Agnus Dei bis zum Schluß«. In dieser Version verbreitet sich das Lied dann über verschiedene Bistümer hinweg – zunächst in Bamberg, Speyer, Würzburg und Salzburg, weil dort Mohrs *Lasset uns beten!* jeweils unter einem anderen Titel als Diözesangesangbuch eingeführt wird. Aber auch in den Kölner Gesangbüchern finden sich diese beiden Strophen, und zwar in der Rubrik »Kommunionlieder«. Andere Diözesangesangbücher (z. B. im Bistum Fulda oder München) folgen diesem Beispiel. So wird aus einem Adventslied ein Kommunionlied, das in dieser Gestalt noch im Regensburger Diözesananhang des *Gotteslob* von 1975 und im Fuldaer Eigenteil des *Gotteslob* von 2013 zu finden ist. *Wie soll ich dich empfangen* wird demnach katholisch durchgängig in der Fassung Christoph Friedrich Neanders rezipiert.

Allerdings kommt schließlich in den 1990er Jahren auch die Originalfassung von Paul Gerhardt zum Zug, und zwar zunächst im Anhangs-

---

[14] Zu Joseph Mohr und zur katholischen Gesangbuchrestauration vgl. Rebecca Schmidt, Gegen den Reiz der Neuheit. Katholische Restauration im 19. Jahrhundert (Mainzer Hymnologische Studien 15), Tübingen 2005, 45-60.

[15] *Lasset uns beten! Katholisches Gebet- und Gesangbuch von Joseph Mohr.* Mit bischöflicher Approbation, Regensburg/New York/Cincinnati 1881.

Anhang des *Gottelob* von 1975 für das Bistum Erfurt[16]. Dabei handelt es sich um eine auf sechs Strophen gekürzte Version des ursprünglich zehnstrophigen Liedes. Übernommen werden die Strophen 1, 2, 4, 6–8. In dieser Fassung steht *Wie soll ich dich empfangen* auch im Eigenteil Ost des *Gotteslob* von 2013.

Der Mainzer Eigenteil des *Gotteslob* von 2013 enthält das Lied ebenfalls. Hier hat man sich für die Strophen 1 bis 5 und 10 des Originals entschieden. Der Mainzer Bischof Peter Kohlgraf, der im Kommentarband »Die Lieder des Mainzer Gotteslob« dieses Lied ausgelegt hat, sieht in ihm eine Bereicherung für die katholische Tradition:

> »Das Lied ist eine wichtige Hilfe für die katholische Verkündigung, die manche Aufforderung der prophetischen Texte im Advent und auch die Verkündigung Johannes des Täufers, dem Herrn die Wege zu bereiten, zu schnell zu einem moralischen Appell verkümmern lässt.«[17]

2. Kirchenlied (1938)

Zu den einflussreichsten katholischen Gesangbüchern des 20. Jahrhunderts zählt neben dem Einheitsgesangbuch *Gotteslob* von 1975 die Sammlung *Kirchenlied. Eine Auslese geistlicher Lieder für die Jugend*. Das Buch erschien zuerst 1938 im Verlag des Jugendhauses Düsseldorf. Nach Auf-

---

[16] Zu den schon ab Mitte der 1980er Jahre erscheinenden »Anhängen« zu den jeweiligen Bistums-Anhängen vgl. Heinrich Riehm, Das Kirchenlied am Anfang des 21. Jahrhunderts in den evangelischen und katholischen Gesangbüchern des deutschen Sprachbereichs (Mainzer Hymnologische Studien 12), Tübingen 2004, 232 f.; speziell zu dem 2002 veröffentlichten Anhang zum Erfurter Bistums-Angang vgl. 254–256.

[17] Peter Kohlgraf, *Wie soll ich dich empfangen*, in: Mechthild Bitsch-Molitor u. a. (Hg.), Die Lieder des Mainzer Gotteslob. Geschichte – Musik – Spiritualität, Ostfildern 2022, 177–182, 182.

lösung des Jugendhauses durch die Nationalsozialisten wurde es im Christophorus-Verlag (Berlin und Freiburg im Breisgau) wiederabgedruckt, nun ohne den Zusatz »für die Jugend«. Von der Intention her war es ein Einheitsgesangbuch für die deutsche Jugend und erlebte bis 1972 zahlreiche Auflagen in schätzungsweise ein bis zwei Millionen Exemplaren.[18] Drei Männer haben das Buch erarbeitet: Josef Diewald (Organisation), Georg Thurmair (Textbearbeitung) und Adolf Lohmann (Melodien). Von den insgesamt 140 Liedern, die in *Kirchenlied* enthalten waren, finden sich heute 79 im *Gotteslob* von 2013 wieder, allerdings teilweise überarbeitet.

Im gesangbuchgeschichtlichen Zusammenhang betrachtet ist *Kirchenlied* drei großen Traditionen verpflichtet: einer restaurativen, einer ökumenischen und einer modernen. Die ökumenische interessiert uns im Hinblick auf unsere Fragestellung besonders. *Kirchenlied* enthält 38 Lieder evangelischer Provenienz. 26 davon gelangen durch dieses Buch erstmals in die katholische Überlieferung, viele von ihnen etablieren sich rasch und gehören heute – so als seien sie schon immer dagewesen – zum katholischen Kirchenliedkanon, etwa Gerhardts *Lobet den Herren alle, die ihn ehren*, aber auch von anderen Autoren *Was Gott tut, das ist wohlgetan* oder *Macht hoch die Tür*.

In einem vom Jugendhaus Düsseldorf herausgegebenen »Werkblatt für die Seelsorge männlicher Jugend« schreibt Josef Diewald 1938 einen Beitrag zur gerade erschienenen Sammlung *Kirchenlied* und erwähnt darin eigens die evangelischen Kirchenlieder:

---

[18] Zur Geschichte und Bedeutung der Sammlung *Kirchenlied* vgl. Thomas Labonté, Die Sammlung »Kirchenlied« (1938). Entstehung, Corpusanalyse, Rezeption (Mainzer Hymnologische Studien 20), Tübingen 2008; Hermann Kurzke, Das Einheitsgesangbuch Gotteslob (1975-2008) und seine Vorgeschichte, in: Geschichte des katholischen Gesangbuchs, 51-64 (s. Anm. 6); Christiane Schäfer, »Uns rufet die Stunde!« Die Sammlung »Kirchenlied« von 1938 im Kontext ihrer Entstehungszeit, in: Alexander Deeg/Christian Lehnert (Hg.), »Wir glauben das Neue«. Liturgie und Liturgiewissenschaft unter dem Einfluss der völkischen Bewegung (BLSp 27), Leipzig 2014, 223-235.

»Es wird auffallen, daß wir einige Texte und einige Lieder unserer evangelischen Brüder in das Werk hineinnahmen. Für jeden Gutwilligen ist daran erkennbar, daß wir alles, was uns gemeinsam sein kann, fördern möchten zu einem ›gewaltigen Gottbekenntnis aller jungen Christen in deutschen Landen‹! Diesen Satz, den der Bischof von Mainz, Dr. Albert Stohr, in dem Geleitwort zum ›Kirchenlied‹ sagt, dürfen wir wohl als Gutheißung dieses Weges auffassen.«[19]

Stohr hatte in einem kurzen Geleitwort zu *Kirchenlied* den Satz geschrieben: »Dank sei euch, daß ihr mit Liebe gesammelt habt, was uns an gemeinsamem Liedgut verbinden kann zu einem gewaltigen Gottbekenntnis aller Christen in deutschen Landen!«

Schaut man, welche der von Paul Gerhardt gedichteten Lieder in *Kirchenlied* aufgenommen worden sind, stößt man auf insgesamt sieben. Neben kleineren Textveränderungen haben diese Fassungen vor allem starke Kürzungen erfahren:

Nun danket all und bringet Ehr (4 Strophen statt 9): Str. 1, 2, 5, 6.
O Haupt voll Blut und Wunden (5 Strophen statt 10): Str. 1, 2, 3, 4, 9.
O Herz des Königs aller Welt (3 Kurzstrophen statt 7 Langstrophen).[20]
Die güldne Sonne (5 Strophen statt 12): Str. 1, 2, 4, 8, 12.
Lobet den Herren alle, die ihn ehren (4 Strophen statt 10):
    Str. 1, 2, 6, 7.
Geh aus, mein Herz, und suche Freud (7 Strophen statt 15):
    Str. 1, 2, 3, 6, 8, 10, 11.
Nun ruhen alle Wälder (4 Strophen statt 9): Str. 1, 2, 3, 9.

---

[19] Josef Diewald, Zum »Kirchenlied«, in: Jugendseelsorger. Werkblatt für die Seelsorge männlicher Jugend, 42. Jahr, hg. v. Jugendhaus Düsseldorf, Düsseldorf 1938, 121. Hier zitiert nach: Labonté (s. Anm. 18), 16.
[20] S. u. Exkurs 2.

Exkurs 2 – *O Herz des Königs aller Welt*

Schon in der Passionsmystik des Mittelalters war das Herz Jesu ein Gegenstand der liebenden Verehrung. Das Gedicht *Summi regis cor, aveto* (»Herz des höchsten Königs, sei gegrüßt«) des Zisterzienserabts Arnulf von Löwen († 1250) zeigt das auf eindrucksvolle Weise. Es ist das sechste Stück einer insgesamt siebenteiligen Passionsmeditation (»Rhythmisches Gebet an jedes einzelne Glied des leidenden und am Kreuze hängenden Christus«). Sie folgt dem Blick eines Betrachters, der den Gekreuzigten anschaut, beginnend bei den Füßen bis hinauf zum Angesicht. Die Spiritualität der *compassio*, des Mitleidens, bildet den Hintergrund dieser frommen Übung. Sie ist darauf gerichtet, die biblische Erzählung vom Leben und vor allem vom Leiden Jesu sich gefühlsmäßig anzueignen.

Paul Gerhardt übertrug den gesamten Zyklus ins Deutsche.[21] Die ersten vier Lieder erschienen 1653[22], die übrigen drei – darunter *O Herz des Königs aller Welt* in Entsprechung zum lateinischen *Summi regis cor, aveto* – in der Frankfurter Ausgabe der *Praxis Pietatis Melica* von 1656. Die ersten drei und die Schlussstrophe haben folgende Gestalt[23]:

1. *O Herz des Königs aller Welt,*
Des Herrschers in dem Himmelszelt,
Dich grüßt mein Herz in Freuden.
Mein Herze, wie dir wohl bewusst,
Hat seine größt und höchste Lust
An dir und deinem Leiden.
Ach, wie bezwang und drang dich doch

2. *O Tod, du fremder Erdengast,*
Wie warst du so ein herbe Last
Dem allersüß'sten Herzen!
Dich hat ein Weib der Welt gebracht,
Und machst dem, der die Welt gemacht,
So unerhörte Schmerzen!
Du meines Herzens Herz und Sinn,

---

[21] *O Haupt voll Blut und Wunden* als letztes ist das mit Abstand bekannteste Lied dieser Reihe.

[22] Berlin 1653 (s. Anm. 11).

[23] PRAXIS PIETATIS MELICA. Das ist: Vbung der Gottseligkeit In Christlichen und trostreichen Gesängen […], Frankfurt 1656 (VD17 7:660577R). Die Strophen 4-6 sind einsehbar unter https://www.evangeliums.net/lieder/lied_o_herz_des_koenigs_aller_welt.html (Stand: 15.02.2024).

Dein edle Lieb, ins bittre Joch
Der Schmerzen dich zu geben,
Da du dich neigtest in den Tod,
Zu retten aus der Todesnot
Mich und mein armes Leben.

3. Mein Herz ist kalt, hart und be-
tört
Von allem, was zur Welt gehört,
Fragt nur nach eitlen Sachen,
Drum, herzes Herze, bitt ich dich,
Du wollest dies mein Herz und
mich
Warm, weich und sauber machen.
Lass deine Flamm und starke Glut
Durch all mein Herze, Geist und
Mut
Mit allen Kräften dringen;
Laß deine Lieb und Freundlichkeit
Zur Gegenlieb und Dankbarkeit
Mich armen Sünder bringen.

Du brichst und fällst und stirbst dahin,
Wollst mir ein Wort gewähren:
Ergreif mein Herz und schleuß es ein
In dir und deiner Liebe Schrein.
Mehr will ich nicht begehren.

7. Nimm mein Herz, o mein höchstes
Gut,
Und leg es hin, wo dein Herz ruht,
Da ists wohl aufgehoben.
Da gehts mit dir gleich als zum
Tanz,
Da lobt es deines Hauses Glanz
Und kanns doch nicht gnug loben.
Hier setzt sichs, hier gefällts ihm
wohl,
Hier freut sichs, dass es bleiben soll.
Erfüll, Herr, meinen Willen!
Und weil mein Herz dein Herze liebt,
So lass auch, wie dein Recht es gibt,
Dein Herz mein Herze stillen.

Der Text besteht aus sieben zwölfzeiligen Strophen, die sich durch das Reimschema jeweils in zwei Halbstrophen gliedern lassen. Gerhardts deutsche Übertragung orientiert sich eng an der lateinischen Vorlage. Die beiden ersten Strophen thematisieren die Liebe Jesu, die so grenzenlos ist, dass er bereit ist, sogar sein Leben für die Menschen hinzugeben. Die Strophen 3 bis 5, die den Mittelteil bilden, sind als Bitte an das Herz Jesu formuliert. Es soll das kalte, ganz der Welt verhaftete Herz des Beters erwärmen und in Gegenliebe entflammen lassen. In den beiden Schluss-Strophen wird schließlich der Liebesbund des göttlichen und des menschlichen Herzens vollzogen.

Das Lied hat zunächst eine rein evangelische Überlieferung erfahren, die mit der Wende zum 19. Jahrhundert für immer versiegt. Dafür gelangt es am Ende des 19. Jahrhunderts in die katholische Tradition, und zwar in der Zeit, in der das katholische Herz-Jesu-Fest gesamtkirchlich eingeführt wird (1865 durch Pius IX.). Guido Maria Dreves[24] entdeckt *O Herz des Königs aller Welt* wieder und nimmt es 1885 in sein Gesangbuch *O Christ hie merk!* auf – nicht ohne es dabei deutlich zu verändern. So teilt er die zwölfzeiligen Strophen in Halbstrophen und kürzt den Text erheblich. Von 14 Halbstrophen des Originals bleiben bei ihm nur acht erhalten. Die Sammlung *Kirchenlied* von 1938 folgt diesem Vorbild, kürzt das Lied aber noch einmal radikal auf drei Halbstrophen und tauscht dabei die Verse 4–6 der ersten Strophe aus: *Du Träger aller Bürd und Last, / du aller Müden Ruh und Rast, / du Trost in allen Leiden!* Diese Version gelangt dann auch in den Stammteil des *Gotteslob* von 1975 (Nr. 549).

Für den Stammteil des *Gotteslob* von 2013 wird dieser Austausch wieder rückgängig gemacht. Die ursprünglich zwölfzeilige Strophe wird wieder hergestellt, zusätzlich wird die erste Hälfte der zweiten Strophe des Originals ergänzt.[25] »So gelingt es der neuen Fassung, wiewohl nur eine Abbreviatur des Ganzen, das Grundthema von Liebe und Gegenliebe in einer Form zur Geltung zu bringen, die dem Gerhardt-Lied besser gerecht wird.«[26]

3. Die Einheitslieder von 1947

Bereits Mitte der 1930er Jahre gab es im katholischen Raum verstärkt Bestrebungen, ein überdiözesanes Liedgut zu schaffen. Konkreter Anlass war die wachsende Binnenmigration, ausgelöst durch Maßnahmen des

---

[24] Zu Guido Maria Dreves vgl. Schmidt, Gegen der Reiz der Neuheit (s. Anm. 14), 60–71.
[25] Das Lied besteht jetzt aus 2 Strophen: Strophe 1 folgt dem Original; Strophe 2 ist aus der ersten Hälfte der ursprünglichen Strophe 2 und aus der zweiten Hälfte der ursprünglichen Strophe 3 komponiert.
[26] Alexander Zerfaß, *O Herz des Königs aller Welt*, in: Ansgar Franz et al. (Hg.), Die Lieder des Gotteslob. Geschichte – Liturgie – Kultur, Stuttgart ²2024, 921–926, hier 926.

NS-Regimes wie Reichsarbeitsdienst, Landjahr, Industrialisierungsprojekte oder Umsiedlungsprogramme. Hier erwies es sich als fatal, dass die deutschsprachigen Bistümer bis dahin nicht in der Lage gewesen waren, ein überdiözesanes, verbindendes Repertoire an Kirchenliedern zusammenzustellen.[27] Gläubige, die aus unterschiedlichen Bistümern stammten, konnten kaum gemeinsam singen. Besonders spürbar wurde dieser Mangel bei den Feldgottesdiensten im Zweiten Weltkrieg. Deshalb beauftragte im Frühjahr 1940 die Fuldaer Bischofskonferenz den Trierer Bischof Franz-Rudolf Bornewasser, Vorschläge für einen Kanon von »Einheitsliedern« zu erarbeiten, also von Liedern, die in einheitlichen Text- und Melodiefassungen von allen Bistümern übernommen werden sollten. Bornewasser berief eine Kommission, mit deren Vorsitz er seinen Weihbischof Heinrich Metzroth betraute.[28] Ein wichtiger Orientierungspunkt der Kommissionsarbeit war dabei natürlich die Sammlung *Kirchenlied*, der es in kürzester Zeit gelungen war, über alle Diözesangrenzen hinweg eine enorme Verbreitung zu erzielen. Die Kommission konnte trotz der Widrigkeiten, die der Krieg und die zunehmenden Repressionen der NS-Behörden verursachten, bereits 1943 eine Liste vorlegen, die allerdings erst 1947 verabschiedet und veröffentlicht wurde.[29]

Die hier zusammengestellten 74 Einheitslieder wurden dann in alle Diözesangesangbücher, die nach dem Krieg erschienen, aufgenommen und sollten den Grundstock für ein Einheitsgesangbuch darstellen. Die Liste der Einheitslieder entstand unter zähem Ringen. Nicht nur mussten

---

[27] Der erste Versuch, die Einheitslieder von 1916, hatte sich nicht durchsetzen können; vgl. Andrea Ackermann, Die Einheitslieder der deutschen Bistümer 1916 und 1947, in: LiKu 9 (2018), 37-52, 38-44 (Titel des Themenheftes: Heimat und Fremde im Kirchenlied).

[28] Vgl. zur mühevollen Entstehungsgeschichte der Einheitslieder Ackermann, Einheitslieder (s. Anm. 27), 44-52; dies., Ein Einheitsliederkanon für die Diözesen »Großdeutschlands«: die Rolle Österreichs im Erarbeitungsprozess 1942-1945/47, in: HlD 76 (2022), 239-249.

[29] Einheitslieder der deutschen Bistümer. Authentische Ausgabe, Freiburg/Mainz 1947.

sich viele Diözesen von eingesungenen und liebgewonnenen Text- und Melodiefassungen trennen, auch die Aufnahme von Gesängen evangelischer Provenienz in einen katholischen Kernbestand stieß auf Widerstand. Beispielhaft seien hier der Kölner Diözesanbibliothekar und renommierte Hymnologe Josef Gotzen sowie der Freiburger Erzbischof Conrad Gröber genannt.

Die folgenden Quellen stammen aus dem im Trierer Diözesanarchiv bewahrten Nachlass des Kommissionsvorsitzenden Heinrich Metzroth.[30] In einem Schreiben vom Mai 1942 äußert sich Gotzen über die Einheitsliederliste, die Metzroth ihm zur Beurteilung vorgelegt hatte:

Josef Gotzen, Köln-Sülz, Mommsenstr. 19
an Weihbischof Metzroth, 03.05.1942
[…] An der Auswahl habe ich grundsätzlich nur zu bemängeln, daß unter den 55 Liedern wieder zum wenigsten 5 protestantische sind (O Haupt voll Blut und Wunden rechne ich nicht dazu), darunter natürlich auch der unvermeidliche Morgenstern,[31] der nicht fehlen darf, weil man an ihm, ich weiß nicht warum, nun einmal einen Narren gefressen hat. Ich habe immer gegen diese zwecklose Irenik angekämpft, die niemals einen Erfolg gehabt hat, weil man sie auf der andern Seite gar nicht anerkennt und nicht will. Ich weiß aber sehr wohl, daß mein Einspruch gegen dieses und die andern Lieder zwecklos sein [wird]. Bleiben wir also weiter bei diesem Eingeständnis unserer ei[genen] Armut! Aber haben wir dann auch den Mut zu sagen, woher diese Lieder stammen! Sonst wäre wohl zu der Auswahl noch einiges zu sagen; aber man müßte wissen, wie sie zustande gekommen ist, und das weiß ich nicht.
[Gruß][32]

---

[30] Die Akten wurden von Andrea Ackermann, Mitarbeiterin am DFG-Forschungsprojekt zu den Einheitsliedern, entdeckt und transkribiert. Eine Quellenedition ist in Vorbereitung.
[31] Gemeint ist *Wie schön leuchtet der Morgenstern* von Philipp Nicolai (1599).
[32] Trierer Bistumsarchiv, Sign.: B III 11,3 Bd. 12 (ohne Blattzahl).

Einige Wochen später wurde die Liste auf der Bischofskonferenz diskutiert. Der Trierer Bischof Franz-Rudolf Bornewasser berichtet danach seinem Weihbischof, dem Kommissionsvorsitzenden Metzroth, vom Verlauf der Diskussion:

Metzroth, Aktennotiz
Dienstag, den 25.8.1942, erstattete der Bischof von Trier Herrn Weihbischof Metzroth Bericht über die Besprechung der Einheitsliederfrage auf der Fuldaer Bischofskonferenz.
[...]
Der Erzbischof von Freiburg [Conrad Gröber], der Leiter der Konferenz, hält die Zeit für die Behandlung der Einheitsliederfrage für ungünstig; er habe Briefe von P. Kreitmaier und Prof. Goller erhalten,[33] die mit der Arbeit des Arbeitskreises sehr unzufrieden seien. Er macht den Vorschlag, nichts darüber ins Protokoll aufzunehmen. Der Bischof von Trier erklärt, daß viele Bistümer anderer Ansicht seien, was aus den Zuschriften der Diözesen an den Arbeitskreis hervorgehe. [...] Er erklärt, daß er, falls die Aufnahme in das Protokoll nicht gebilligt würde, den Vorsitz niederlege und dem Arbeitskreis Mitteilung mache, er solle die Arbeit einstellen.
Es wird daraufhin erklärt, daß so die Äußerung nicht gemeint sei. Es wird daraufhin einstimmig gegen die Stimme des Erzbischofs von Freiburg der vom Bischof von Trier für das Fuldaer Protokoll gemachte Vorschlag angenommen.
Mehr privat wurde dem Bischof von Trier gegenüber geäußert, die ausgewählten Lieder seien zu herb, zu nordisch; sie könnten vielfach den Süddeutschen nicht zusagen. Die Auswahl sei von Fachleuten vom grünen Tisch her, aber ohne hinreichende Berücksichtigung der seelsorglichen Belange und der Volkstümlichkeit der Lieder gemacht worden. Die Auswahl sei zu protestantisch.[34]

---

[33] Beide waren Mitglieder der Kommission, die ihre Positionen allerdings nicht durchsetzen konnten.
[34] Trierer Bistumsarchiv, Sign.: B III 11,3 Bd. 15,1 (undatierte Aktennotiz).

Im November 1942 nahm die Einheitslieder-Kommission dann ausdrücklich Stellung zum Vorwurf, zu viel protestantisches Liedgut aufgenommen zu haben und kommt dabei zu einer interessanten Definition:

Metzroth, Kommissionsbericht vom 30.11.42
Der Arbeitskreis zur Erstellung eines ELK [Einheitsliederkanons] hat sich mit der Frage der Aufnahme von prot. Liedern eingehend befaßt. Die Mitglieder des Arbeitskreises vertreten die Ansicht, daß ein Lied deshalb noch nicht protestantisch ist, weil es von einem evangelischen Dichter stammt. Niemand wird heute behaupten wollen das Lied »O Haupt voll Blut und Wunden«, die Übersetzung eines lateinischen Hymnus von Paul Gerhardt, sei ein prot. Lied. Ebenso wenig wird man das Lied »Nun bitten wir den Heiligen Geist« als protestantisch bezeichnen können, weil Luther drei Strophen dazu gedichtet und in seinen Gesangbüchern aufgenommen hat. Ebenso wenig ist ein Lied deshalb schon katholisch, weil es von einem kath. Dichter stammt. Interessant dürfte in diesem Zusammenhang auch sein, daß Martin Luther sich gegen die Lieder von Nikolaus Decius »Allein Gott in der Höh sei Ehr« und »O du Lamm Gottes unschuldig« ablehnend verhalten hat und es nicht in die von ihm herausgegebenen Gesangbücher aufgenommen hat.
Ein Lied, das durch Klarheit und Tiefe christlichen Glaubens, durch kraftvolle Sprache und theologische Korrektheit sich auszeichnet, kann nicht deshalb als protestantisches Lied bezeichnet werden, weil es von einem protestantischen Dichter stammt.
Es ist übrigens nicht so, als ob die fraglichen Lieder erst jetzt aus den heutigen prot. Gesangbüchern herübergenommen worden wären, vielmehr zeigt die Geschichte des deutschen Kirchenliedes, daß sie lange Jahrhunderte hindurch Gemeingut der beiden Konfessionen gewesen sind und sich in beiderseitigen Gesangbüchern gefunden haben.

30.11.1942   (gez.) + H. Metzroth.[35]

---

[35]   Trierer Bistumsarchiv, Sign.: B III 11,3 Bd. 13,1 (Aktennotiz).

Schlussendlich enthielten die Einheitslieder von 1947 insgesamt 10 Titel aus der evangelischen Tradition:

Allein Gott in der Höh sei Ehr (Nicolaus Decius)
Aus meines Herzens Grunde (Georg Niege)
Es kam ein Engel hell und klar (Valentin Triller / Martin Luther)
Gott, heilger Schöpfer aller Stern (Thomas Münzer)
Ihr Christen, hoch erfreuet euch (Joh. Sam. Diterich)
Lobe den Herren, den mächtigen König der Ehren (Joachim Neander)
Nun danket all und bringet Ehr (Paul Gerhardt)
O Lamm Gottes unschuldig (Nicolaus Decius)
O Haupt voll Blut und Wunden (Paul Gerhardt)
O Herz des Königs aller Welt (Paul Gerhardt)

Die drei Lieder Paul Gerhardts wurden wie die meisten anderen in einer verkürzten Fassung aufgenommen.[36] Der *Morgenstern*, an dem laut Gotzen ja alle »einen Narren gefressen« hatten, war übrigens nicht dabei.

Exkurs 3 – *O Haupt voll Blut und Wunden*

Wenn wir nun noch einen kurzen Blick auf die katholische Rezeption des – wie gerade zu lernen war – eigentlich gar nicht protestantischen Liedes *O Haupt voll Blut und Wunden* werfen, so entdeckt man eine große Vielfalt an Fassungen. Die ältesten Belege sind die oben schon genannten Stationen »Paderborn 1765«, »Mastiaux 1810« und »Lippstadt 1830«:[37] Während »Paderborn 1765« die Paul-Gerhardt-Lieder ungekürzt und mit nur wenigen Textänderungen bringt, werden in den beiden der

---

[36] *Nun danket all und bringet Ehr* hat nur 4 der ursprünglichen 9 Strophen; *O Haupt voll Blut und Wunden* 7 von 10 Strophen; *O Herz des Königs* hat lediglich 3 Kurzstrophen von 7 Langstrophen (vgl. oben Exkurs 2).
[37] S. o. Anm. 3–5.

Aufklärung verpflichteten Gesangbüchern »Mastiaux 1810« und »Lippstatt 1830« die Texte umfangreichen Änderungen unterworfen. »Mastiaux« etwa nimmt eine völlig neue Adressierung vor: Statt des *Hauptes* wird nun das *Herz* angesprochen.

> *O Herz, voll Blut und Wunden!*
> *Voll Schmerzen, Spott und Hohn!*
> *O göttlich Herz! umwunden*
> *Mit einer Dornenkron!*
> *O Herz, das höchster Ehren*
> *Und Kronen würdig ist!*
> *Sey mir bei frommen Zähren,*
> *Sey tausendmal gegrüßt!*

Rubriziert ist es unter »Am Feste des allerheiligsten Herzens Jesu«.[38] Es sei daran erinnert, dass seit den Visionen der Salesianernonne Margarita Maria Alacoque (1673)[39] das Herz-Jesu traditionell mit einer Dornenkrone dargestellt wird, der Übergang vom *Haupt* zum *Herzen* also wahrscheinlich über die Brücke der Ikonographie erfolgt.

Auch die Gesangbuchrestauration im 19. Jahrhundert hält an dem Lied fest, geht aber nicht, wie man es von einer anständigen Restauration erwarten könnte, auf den Originaltext zurück, sondern vermischt diesen mit den eingesungenen Aufklärungsfassungen. So bringt etwa einer der bedeutendsten Protagonisten der Gesangbuchrestauration, der Jesuit Joseph Mohr,[40] in seinem 1879 erschienenen *Cantate* folgende Fassung:

---

[38] Zur Einführung des Festes s. o. Exkurs 2.
[39] Vgl. Alex Stock, Poetische Dogmatik. Christologie, Bd. III: Leib und Leben, Paderborn u. a. 1998, 337–379; Ansgar Franz, »Dem Herzen Jesu singe mein Herz mit Liebeswonn« – Das Herz Jesu, zerrissen zwischen Frömmigkeit und Politik, in: Wilhelm Geerlings/Andreas Mügge (Hg.), Das Herz. Organ und Metapher, Paderborn 2006, 149–170.
[40] S. o. Anm. 14.

Abb. 1: Das mit Dornen gekrönte Herz Jesu (Kommunionerinnerungsbild, ausgegeben in Adenau 1896, Detail)

O Haupt voll Blut und Wunden,
Voll Schmerz, bedeckt mit Hohn!
O göttlich Haupt, umwunden
Mit einer Dornenkron!
O Haupt, das andrer Ehren
Und Kronen würdig ist,
Sei mir mit frommen Zähren,
Sei tausendmal gegrüßt!

Dieser Text folgt weniger Paul Gerhardt, sondern ist eher ein revidierter »Mastiaux« (s. o.). Auch diese Mohr'sche Fassung setzt sich nicht unverändert durch, sondern bildet ihrerseits wieder eine Fülle von Varianten. Beispielhaft sei hier auf das 1932 in Komotau (dem heutigen Chomutov in Tschechien) erschienene Buch *Gesänge für den katholischen Gottesdienst* verwiesen. Hier hat das Lied sechs Strophen mit folgendem Wortlaut:

1. *O Haupt voll Blut und Wunden,*
voll Schmerz, bedeckt mit Hohn,
o göttlich Haupt, umwunden
mit einer Dornenkron',
o Haupt, das and'rer Ehren
und Kronen würdig ist,
sei mir mit frommen Zähren,
sei tausendmal gegrüßt.

2. *Du Eingeborner Gottes,*
Du Herr der Herrlichkeit,
wirst nun ein Ziel des Spottes,
geschändet und entweiht.
Wie bist Du so erbleichet,
wer hat Dein Angesicht,
dem sonst kein Licht mehr gleichet,
so schändlich zugericht'?

3. *Der Purpur Deiner Wangen,*
der Lippen frisches Rot,
all' Schönheit ist vergangen
in bitt'rer Todesnot.
Doch strömt aus Deinen Blicken
noch himmlische Geduld,
selbst Sünder zu beglücken
mit unverdienter Huld.

4. *Ach, Herr, was Du erduldet,*
ist alles meine Last,
ich habe das verschuldet,
was Du getragen hast.
Ich, Jesus, bin's, ich Armer,
der dies verdienet hat:
O tilge, Du Erbarmer,
all' meine Missetat!

5. *Ich danke Dir vom Herzen,*
o Jesus, bester Freund,
für Deine Todesschmerzen,
wie gut hast Du's gemeint!
Ach, gib, daß ich mich halte
zu Dir und Deiner Treu',
und wenn ich einst erkalte,
in Dir mein Ende sein [sic].

6. *O Mutter lieb', du standest*
bei deines Kindes Tod,
voll Mitleid Du empfandest
des Sterbens bitt're Not.
Ach, geht dereinst zur Neige
Auch meines Lebens Frist,
dann, Mutter Gottes, zeige,
daß du mir Mutter bist!

Ein bisschen Mastiaux, ein bisschen Mohr, ein bisschen Paul Gerhardt – und als Zielstrophe eine typisch katholische Pointe: Nicht Jesus in seiner Kreuzesnot möge dem Sterbenden zum Trost erscheinen, sondern Maria, die den Sterbenden mit dem gleichen Mitleiden begleiten möge wie sie einst ihren Sohn begleitet hatte.

Doch auch diese Fassung scheint einige regionale Nutzer des Gesangbuchs nicht gänzlich befriedigt zu haben. Konrad Klek hat uns auf ein Exemplar des Komotauer Gesangbuchs aufmerksam gemacht, das Susanne Weichenhan entdeckt hat, in dem sich handschriftlich nachgetragenen Korrekturen befinden (siehe Abb. 2).

72. O Haupt voll Blut und Wunden.
Alte Melodie aus dem 12. Jahrhundert.

1. O Haupt voll Blut und Wunden, ✝ voll Schmerz, bedeckt mit Hohn, o göttlich Haupt, umwunden ✝ mit einer Dornenkron', o Haupt, das and'rer Ehren — und Kronen würdig ist, ✝ sei mir mit frommen Zähren, sei tausendmal gegrüßt!

2. Du Eingeborner Gottes, ✝ Du Herr der Herrlichkeit, wirst nun ein Ziel des Spottes, ✝ geschändet und entweiht. Wie bist Du so erbleichet, — wer hat Dein Angesicht, ✝ dem sonst kein Licht mehr gleichet, so schändlich zugerichtet?

3. Der Purpur Deiner Wangen, ✝ der Lippen frisches Rot, all' Schönheit ist vergangen ✝ in bitt'rer Todesnot. ~~Doch strömt aus Deinen Blicken — noch himmlische Anmut — selbst Sünder zu beglücken — mit unverdienter Huld.~~

4. Ach, Herr, was Du erduldet, ✝ ist alles meine Last, ich habe das verschuldet, ✝ was Du getragen hast. Ich, Jesus, bin's, ich Armer, — der dies verdienet hat: ✝ O tilge, Du Erbarmer, all' meine Missetat!

5. Ich danke Dir vom Herzen, ✝ o Jesus, bester Freund, für Deine Todesschmerzen ✝ wie gut hast Du's gemeint! Ach, gib, daß ich mich halte — zu Dir und Deiner Treu', ✝ und, wenn ich einst erkalte, in Dir mein Ende sein.

6. O Mutter lieb', du standest ✝ bei deines Kindes Tod, — voll Mitleid Du empfandest des Sterbens bitt're Not — Ach, geht dereinst zur Neige — auch meines Lebens Frist, — dann, Mutter Gottes, zeige, ✝ daß du mir Mutter bist!

Abb. 2: Handschriftliche Textkorrekturen (Gesänge für den katholischen Gottesdienst, Komotau 1932)

Der zweite Teil der dritten Strophe sollte demnach lauten: *Doch deinem blutgen Antlitz / entströmet Gottes Huld, / bereit mit Macht zu tilgen / zehrende Sündenschuld.*

Erst *Kirchenlied* 1938 kehrt weitgehend zum Originaltext zurück, wobei es sich allerdings auf die Strophen 1, 2, 3, 4 und 9 des Originals beschränkt. Die *Einheitslieder* basieren auf dieser Fassung, ergänzen sie aber um die Strophen 8 und 10 des Originals. In dieser Version (Str. 1, 2, 3, 4, 8–10) geht das Lied in alle katholischen Nachkriegsgesangbücher ein.

7. Die Einheitsgesangbücher Gotteslob 1 (1975) und Gotteslob 2 (2013)

Noch bevor am 4. Dezember 1963 das II. Vatikanische Konzil als erstes Dokument die Liturgiekonstitution verabschiedete, war deutlich, dass die beabsichtigten Reformen auch ein neues Gesangbuch nötig machen würden. So hatte bereits im August 1963 die Fuldaer Bischofskonferenz zwei Kommissionen eingesetzt, die das neue »Gebet- und Gesangbuch« vorbereiten sollten, nämlich je eine Kommission für den Gebets- und für den Liedteil. Man sah in der Notwendigkeit, dass nun alle Diözesen gleichzeitig ein neues Gesangbuch brauchten, die lange erwartete Chance, das seit über hundert Jahren gärende Projekt »Einheitsgesangbuch« endlich zu realisieren. Vorgesehen war ein gemeinsamer, für alle verbindlicher Stammteil, dem dann für die jeweils spezifischen Diözesantraditionen »Eigenteile« beigegeben werden konnten.

Das Buch erschien 1975 und hatte bis zur Einführung des Nachfolgers 2013 Geltung. Auf Drängen der Liedkommission, die eine ökumenische Ausrichtung des neuen Gesangbuchs wünschte,[41] wurde im Dezember 1969 die »Arbeitsgemeinschaft für ökumenisches Liedgut im deutschen Sprachraum« gegründet, kurz AÖL. In dem Gremium, das bis heute sehr erfolgreich arbeitet, sind vertreten die Katholische und Evangelische Kirche Deutschlands (damals der BRD und der DDR), Österreichs und der

---

[41] Vgl. Ph. Harnoncourt, Gesamtkirchliche und teilkirchliche Liturgie. Studien zum liturgischen Heiligenkalender und zum Gesang im Gottesdienst unter besonderer Berücksichtigung des deutschen Sprachgebiets (Untersuchungen zur Praktischen Theologie 3), Freiburg u. a. 1974, 428–432.

Schweiz sowie der Bund der Freikirchen und die Altkatholische bzw., wie sie in der Schweiz heißt, Christkatholische Kirche. Ihre Aufgabe war es, für Lieder, die in gleichen oder abweichenden Versionen bereits die Konfessionsgrenzen überschritten hatten, gemeinsame einheitliche Fassungen zu erarbeiten. Darüber hinaus wurden auch solche Lieder behandelt, die eine »einzelne Konfession oder Konfessionsgruppe den anderen glaubte darbieten zu sollen«.[42] 1973 erschien die Publikation *Gemeinsame Kirchenlieder*.[43] Sie umfasst 101 Gesänge, die, wie es im Geleitwort heißt,

> »für ökumenische Gottesdienste und Veranstaltungen bestimmt [sind]. Diese Lieder sollen außerdem in die Gesangbücher und Liederbücher als gemeinsames christliches Liedgut aufgenommen werden.«[44]

Überblickt man die 101 Lieder[45] und fragt nach ihrer Herkunftstradition, ergibt sich folgendes Bild: 10 Lieder stammen aus der mittelalterlichen, 20 Lieder aus der katholischen Tradition und nicht weniger als 69 Lieder aus der reformatorischen Tradition, darunter 4 Lieder von Paul Gerhardt: *Ich steh an deiner Krippe hier / O Haupt voll Blut und Wunden / Nun danket all und bringet Ehr / Lobet den Herren alle, die ihn ehren*.

In den folgenden Jahren wurde diese Liste kontinuierlich erweitert, so dass mittlerweile folgende Lieder Paul Gerhardts im AÖL-Bestand zu finden sind (Stand 2020):[46]

---

[42] *Gemeinsame Kirchenlieder* (s. folgende Anmerkung), Einführung (am Ende der Publikation, unpaginiert [S. 4]).
[43] *Gemeinsame Kirchenlieder. Gesänge der deutschsprachigen Christenheit*, hg. im Auftrag der christlichen Kirchen des deutschen Sprachgebiets und der Arbeitsgemeinschaft für ökumenisches Liedgut, Berlin 1973.
[44] *Gemeinsame Kirchenlieder*, Geleitwort (unpaginiert).
[45] Die Publikation zählt 102 Nummern, wobei Nr. 1 kein Strophenlied, sondern – programmatisch – ein vertontes »Vater Unser« ist.
[46] Die dritte Spalte nennt die Strophenzahl des Originals, die vierte die der Ö-Fassung; die darunter angegebenen Kürzel verweisen auf folgende, für die

	Lied	Str.	Str. der AÖL-Fassung / Gesangbücher
01	*Befiehl du deine Wege*	12	12 EG RG CG EM FL JF MN BG GL2 (ohne 5–11)
02	*Die güldne Sonne*	12	12 EG RG CG EM FL JF MN BG
03	*Du, meine Seele, singe*	10	8 GL1-Fulda EG RG CG EM FL JF MN BG
04	*Fröhlich soll mein Herze springen*	15	13 EG RG ES CG EM FL JF MN BG
05	*Geh aus, mein Herz*	15	15 EG RG ES EM FL JF MN BG
06	*Ich bin ein Gast auf Erden*	14	5 EG CG JF BG
07	*Ich singe dir mit Herz und Mund*	18	12 EG RG EM FL JF MN BG
08	*Ich steh an deiner Krippe hier*	15	4 GL1 EG RG KG ES CG EM FL JF MN BG GL2
09	*Lobet den Herren alle, die ihn ehren*	10	8 (alle wie bei 08)
10	*Nun danket all und bringet Ehr*	9	9 (alle wie bei 08)
11	*Nun freut euch hier und überall*	36	4 GL1 RG
12	*Nun ruhen alle Wälder*	9	9 RG CG EM FL JF MN GL2
13	*O Haupt voll Blut und Wunden*	10	10 GL1 EG RG KG CG EM FL JF MN GL2
14	*O Welt, sieh hier dein Leben*	16	8 EG RG CG EM FL JF BG
15	*Wie soll ich dich empfangen*	10	10 RG ES CG EM FL JF MN WLG BG GL2-Eigenteile

---

AÖL maßgeblichen Referenzgesangbücher (vgl. https://dli.institute/wpaoel/wp-content/uploads/2024/08/Referenzbuecher-Website-2024-07-24.pdf [Stand: 23.09.2024]): EG (*Evangelisches Gesangbuch*, Deutschland und Öster-

Das *Gotteslob* von 1975 (GL1) enthält sechs Paul-Gerhardt-Lieder: fünf aus der AÖL-Liste (Nr. 08, 09, 10, 11 und 13) und außerdem eine für das Fest Christkönig adaptierte Fassung von *O Herz des Königs aller Welt*.[47] Das 2013 eingeführte *Gotteslob* (GL2) übernimmt fünf dieser Titel[48] und fügt noch zwei weitere hinzu, so dass nun insgesamt sieben Lieder Paul Gerhardts im Stammteil vertreten sind:

GL2 Nr.	Incipit mit Strophenzahl (Zählung nach Original)	Originale Strophenzahl
81	*Lobet den Herren alle, die ihn ehren* (7) 1-2-3-6-7-8-10	10
101	*Nun ruhen alle Wälder* (7) 1-2-3-4-6-8-9	9
256	*Ich steh an deiner Krippe hier* (4) 1-3-4-5 (neue Melodie)	15
289	*O Haupt voll Blut und Wunden* (8) 1-2-3-4-6-8-9-10	10
369	*O Herz des Königs aller Welt* (2) 1-2/3	7
403	*Nun danket all und bringet Ehr* (6) 1-2-5-6-8-9	9
418	*Befiehl du deine Wege* (5) 1-2-3-4-12	12

---

reich), GL1/GL2 (*Gotteslob* 1975 bzw. 2013, Katholisches Gebet- und Gesangbuch für Deutschland und Österreich), RG (*Gesangbuch der Evangelisch-reformierten Kirchen der deutschsprachigen Schweiz*), KG (*Katholisches Gesangbuch der deutschsprachigen Schweiz*), CG (*Christkatholisches Gebet- und Gesangbuch der Christkatholischen Kirche der Schweiz*), ES (*Eingestimmt. Gesangbuch des katholischen Bistums der Altkatholiken in Deutschland*); EM (*Gesangbuch der Evangelisch-Methodistischen Kirche*), FL (*Feiern & Loben. Die Gemeindelieder,* Bund Freier evangelischer und Evangelisch-Freikirchlicher Gemeinden), JF (*Jesus unsere Freude. Gemeinschaftsliederbuch,* Evangelischer Gnadauer Gemeinschaftsverband), MN (*Mennonitisches Gesangbuch*), BG (*Gesangbuch der Evangelischen Brüdergemeine*).

[47] S. o. Exkurs 2.
[48] Nicht übernommen wurde die stark beschnittene Fassung von *Nun freut*

Es fällt auf, dass alle Lieder gekürzt sind. Besonders gravierend ist das bei *Ich steh an deiner Krippe hier* mit nur vier statt 15 Strophen und bei *Befiehl du deine Wege* mit lediglich fünf statt der ursprünglichen 12 Strophen. Diese Kürzungen stellen einen massiven Eingriff in die Sinngestalt der Lieder dar. So wird bei *Befiehl du deine Wege* das auf alle 12 Strophen verteilte Akrostichon (*Befiehl dem Herren deine Weg und hoff auf ihn, er wird's wohl machen*) nach der vierten Strophe jäh unterbrochen und die fünfte, ursprünglich zwölften Strophe, klappert ziemlich unmotiviert nach.

Erweitert man den Blick auf die diözesanen Eigenteile des GL2, kommen noch einmal sieben Lieder Paul Gerhardts hinzu:[49]

Incipit (Strophenzahl des Originals)	GL-Eigenteile (mit jeweiliger Strophenzahl)
Die güldne Sonne (12)	Ost (4), Rott-Stutt (4), Ö (4)
Wie soll ich dich empfangen (10)	Ost (6), Mz (6)
Fröhlich soll mein Herze springen (12)	Ost (7), Mz (5)
Nun freut euch hier und überall (36)	Ess, Pad, Mü-Fr, Köln, Nord, Aug, Lim, Bam, Fr-Rott-Stutt, Mz (jeweils 4)
Du meine Seele, singe (8)	Ful (4)
Geh aus, mein Herz (15)	Ost (8), Ful (4), Bam (11), Nord (10)
Gib dich zufrieden (15)	Mz (6)

---

euch hier und überall. Von den ursprünglich 36 Strophen des deutend-erzählenden Osterliedes bringen GL1 und RG die Strophen 1.3.31.36; vgl. dazu Elke Axmacher, *Nun freut euch hier und überall*, in: Ansgar Franz (Hg.), Kirchenlied im Kirchenjahr. Fünfzig neue und alte Lieder zu den christlichen Festen (Mainzer Hymnologische Studien 8), Tübingen/Basel 2002, 397–414.

[49] Die in der rechten Spalte aufgeführten Abkürzungen verweisen auf die Eigenteile folgender (Erz-)Bistümer: Aug – Augsburg; Bam – Bamberg; Ess – Essen; Ful – Fulda; Fr-Rott-Stutt – Freiburg und Rottenburg-Stuttgart; Lim – Limburg; Mü-Fr – München-Freising; Mz – Mainz; Nord – Hamburg, Hildesheim und Osnabrück; Ö – Wien, St. Pölten, Linz, Eisenstadt, Salzburg, Graz-Sekkau, Gurk-Klagenfurt, Innsbruck und Feldkirch; Ost – Berlin, Dresden-Meißen, Erfurt, Görlitz und Magdeburg; Pad – Paderborn.

Auf *Nun freut euch hier und überall*, das im Stammteil des GL1 stand, aber nicht in den Stammteil von GL2 übernommen wurde, wollten relativ viele Diözesen doch nicht verzichten. *Geh aus, mein Herz, und suche Freud* war zunächst für den Stammteil vorgesehen, ist dann aber in letzter Minute dem Zwang zum Kürzen zum Opfer gefallen. Vier Eigenteile immerhin haben diesen Verlust nicht hingenommen. Besonders hinzuweisen ist auf den Mainzer Eigenteil, der mit vier Liedern die Tore für Paul-Gerhardt-Lieder am weitesten geöffnet hat.

Ebenso wie bei den Liedern im Stammteil ist auch hier auffällig, dass die Originaltexte teilweise drastisch gekürzt sind. Das zeigt, dass die Aufnahme evangelischer Lieder in katholische Gesangbücher immer auch aus einer spezifisch katholischen Perspektive geschieht. Mehr als fünf Strophen, so glauben die Verantwortlichen wohl, seien einem katholischen Gemüt nicht zumutbar. Tatsächlich werden zwar in den meisten Gottesdiensten durchschnittlich nicht mehr als zwei Strophen pro Lied gesungen, doch soll das *Gotteslob* ja auch ein Hausbuch sein. Und für das persönliche Singen oder Meditieren eines Textes wäre die ursprüngliche Sinngestalt der Lieder Paul Gerhardts ohne Zweifel ein Gewinn.

Paul Gerhardts Lieder aus der Perspektive der Gerechten Sprache
Problemanzeige und Lösungsvorschlag

Beate Besser

1. Gerechte Sprache

Es soll hier tatsächlich um den Blick auf die Lieder gehen – das betrifft im Übrigen nicht nur Paul Gerhardt – und zwar aus dem Blickwinkel der Gerechten Sprache. Gerechte Sprache artikuliert ganz gezielt nicht ausgrenzend und zwar in jeder Weise. Anders gesagt: Es ist eine gewaltfreie und inkludierende Sprache. Wenn wir dem gerecht werden möchten, ist das recht anspruchsvoll. Aber die Frage der Gerechten Sprache ist heute in der Gesellschaft ein sehr wichtiges Thema, das nicht nur im politischen Zusammenhang eine große Rolle spielt, sondern auch anderswo in vielen Institutionen, etwa in Schulen, in Universitäten usw. So ist es auch relevant für unsere hymnologische Arbeit an Kirchenliedern. Im Übrigen ist die Gerechte Sprache tatsächlich auch mehr als gendergerecht. Das wird gerne in Eins genommen. »Gendern« als Thema kommt darin natürlich vor.

Ich will mein Anliegen in drei Teilen vortragen. Tatsächlich beginne ich mit »Gendergerechtigkeit« – im Kirchenlied und in der Sprache. Ich möchte dann auf politische Fragen eingehen und auch sogleich die Bemerkung voranstellen, dass es neben aller Analyse und Durchdringung von Liedern und ihren Texten für mich als aktive Kirchenmusikerin immer auch ein Anliegen ist, dass Lieder sofort funktionieren, dass ich sie singen kann und dass ich etwas damit anfangen kann, eben ohne eine Singstunde mit Erläuterungen oder gemäß einem der vielen sonstigen Vermittlungsansätze, die es alle gibt – von daher also auch dieser Blickwinkel direkt aus der Praxis. Ein dritter Punkt, der bereits länger eine

Rolle spielt, ist das Thema »Kirche und Israel«, was ich auch noch kurz erörtern will.

2. Gendergerechtigkeit

Was ich im Folgenden präsentiere, geht auf eine Initiative des Kirchentags zurück. Gendergerechtigkeit ist für mich, auch im Zuge der Weiterentwicklung dieses Gedankens in den letzten zehn bis fünfzehn Jahren, deutlich mehr als die Frage von männlich und weiblich. Im Sinne einer Inkludierung sollten wir heutzutage mitdenken, dass es auch nicht-binäre Menschen gibt und andere Fragen, die da mit hereinspielen. Bei den Liederwerkstätten, die vor einem jeden Kirchentag stattfinden, sind ganz bestimmte Kriterien zu erfüllen, wenn ein Lied die Chance haben soll, in die weitere Verhandlung zu kommen. Da treffen sich also Frauen und Männer und schreiben – allein oder gemeinsam – Lieder zum Kirchentagsthema, zu den vorgesehenen biblischen Texten usw. Und eines dieser Kriterien ist tatsächlich die Gerechte Sprache und auch die gendergerechte Sprache bei neu geschaffenen Liedern. Aus dieser Perspektive heraus hat sich vor Jahren einmal eine Gruppe gebildet, eine Frauengruppe, die damals für die *freiTöne*, das Liederbuch für das Reformationsjubiläum und den Kirchentag in Berlin und Wittenberg 2017, zu einigen älteren Liedern Vorschläge unterbreitet hat. Diese haben aber tatsächlich eher Männliches in Weibliches umgesprochen.

Ich selbst bin leidenschaftliche Hymnologin, habe lange Hymnologie und Gregorianik unterrichtet, bin aber auch Feministin. Die Umsprechvorschläge dieser Frauengruppe fand ich zwar politisch in Ordnung, aber es schlug auch mein hymnologisches Herz und ich dachte: »Da muss noch mehr gehen« – nicht nur hinsichtlich mehr als männlich/weiblich, eben inkludierend, sondern auch im Blick auf einen gewissen hymnologischen Anspruch. So erhielt ich vom Kirchentag den Auftrag, für einige ältere Lieder, v. a. aus dem EG-Stammteil, solche Fassungen zu erarbeiten für Strophen, die im jeweiligen Kirchentagsliederheft abgedruckt werden sollten. Solche Vorschläge sind bereits zu finden, im Liederheft zum Kirchentag in Dortmund 2019, aber auch im Liederbuch zum Ökumenischen Kirchentag 2021 in Frankfurt, der wegen Corona ja gar nicht so richtig stattgefunden hat, weshalb das Liederheft dazu auch weitgehend unbekannt geblieben ist.[1]

Um zu zeigen, wie das dann vor sich ging, nehme ich zwei kleine Paul-Gerhardt-Beispiele, wo es gleich in medias res deutlich wird. Beim Weihnachtslied *Fröhlich soll mein Herze springen* heißt es im Rahmen der Jesusrede in Strophe 5: ... *Lasset fahrn, o liebe Brüder, was euch quält, was euch fehlt, ich bring alles wieder.* – Warum nur die *Brüder*? Klar ist, dass dies so historisch original ist, aber das ist nicht der Punkt. Ich lebe in der Gegenwart und schaue auf die Zukunft. Warum denn heute und morgen eigentlich nur die *Brüder*? Im nächsten Lied *Ich steh an deiner Krippen hier* geht es so ähnlich an, auch überraschend in der 5. Strophe:

Wann oft mein Herz im Leibe weint / und keinen Trost kann finden, rufst du mir zu: Ich bin dein Freund, / ein Tilger deiner Sünden. Was trauerst du, o Bruder mein, / du sollst ja guter Dinge sein, ich zahle deine Schulden.

In meiner Werkstatt läuft das dann so ab:

Bei Strophe 5 von *Fröhlich soll mein Herze springen* könnten wir, statt *Lasset fahrn, o liebe Brüder* doch wohl singen: *Lasset fahrn, o ihr Geschwister*? Da ist der Reim noch so halbwegs erhalten. Gewiss ist es nicht richtig gut, aber es wäre eine Möglichkeit. Und ich wiederhole, weil mir das wichtig ist: Mein Anliegen ist nicht, diese Vorschläge jetzt sofort, in der Spur meiner Arbeit in der EG-Kommission, da einzuspeisen. Es geht um zusätzliche Vorschläge, um Alternativen, die möglich wären für

---

[1] *SichtWeisen* ist der Titel des Liederhefts. Beim Folge-Kirchentag 2023 in Nürnberg fand dieses Heft teilweise nochmals Verwendung.

diejenigen, die da ein Bedürfnis haben. Ich weiß, dass wirklich viele – nicht nur Frauen – über nicht gegenderte Sprache heute stolpern.

Bei *Ich steh an deiner Krippen hier*, wo es um einen Singular geht – *Was trauerst du, o Bruder mein* – wäre eine Alternative *Was trauerst du, o Kind heut mein* oder ähnlich. Dann bin ich vom *Bruder* weg, habe aber noch nicht die Schwester, weil das reim- und sprachtechnisch nicht funktioniert. Ich möchte noch präzisieren: Es geht hier tatsächlich um mehrere Anfragen, auch solche an das Gottesbild und damit auch an das Menschenbild und um die Beschreibung der Welt und die Beschreibung des Seins. Nochmals: das soll alles nur ein Angebot für weitere Textänderung sein.

3. Beispiel *Die güldne Sonne voll Freud und Wonne*

An zweieinhalb Beispielen von Liedern Paul Gerhardts will ich zeigen, was ich tatsächlich gemacht habe. Zunächst habe ich zu *Die güldne Sonne voll Freud und Wonne* (EG 449) solche Textvorschläge erarbeitet und an das Kirchentagsbüro geschickt mit der Hoffnung, dass das akzeptiert würde.

Stophe 2: *seinen* → *eignen Ehren* / *sein* → *dies*
Strophe 3: *dem Schöpfer* → *und Gott jetzt* / *er* → *Gott*
Strophe 4: *seine* → *Gottes* bzw. *solche* / *er* → *Gott* / *seiner* → *großer*

Ich gebe zu, dass das optisch nicht wirklich praktikabel ist. Jedenfalls habe ich das hingeschickt in der Hoffnung, dass sich jemand findet, der das in ein sinnvolleres Layout bringt. Selbst hatte ich keine bessere Idee. Das ist aber nicht passiert. So findet sich das mit der gleichen Schrifttype, wie ich es an den Kirchentag geschickt hatte, im Liederheft wieder. So war es eigentlich nicht gedacht. Um es besser nachvollziehen können, hier diese Strophen mit den Änderungen in Gänze. Wenn wir also jetzt singen:

Mein Auge schauet, was Gott gebauet
zu eignen Ehren und uns zu lehren,
wie dies Vermögen sei mächtig und groß
und wo die Frommen dann sollen hinkommen,
wann sie mit Frieden von hinnen geschieden
aus dieser Erden vergänglichem Schoß.

merken wir, dass sich das ganz normal singen lässt. Singtechnisch passiert gar nichts Ungewöhnliches. Und wer das Lied nicht in- und auswendig kennt, hat die Änderungen vielleicht gar nicht bemerkt.[2] So ist es allerdings nicht gemeint, man soll und darf es schon merken. Es soll niemandem etwas untergeschoben werden. Hier ist zu zeigen, dass ich nicht die Gender-Alternative aufstelle *zu seinen* Ehren oder *ihren* Ehren, sondern ich habe nach einem anderen Wort gesucht: die *eignen* Ehren Gottes. Und nicht *wie sein* Vermögen versus *ihr* Vermögen, sondern *wie dies* Vermögen, also einfach auch nur eine kleine Veränderung, um die binäre Genderfalle zu umgehen.

In Strophe 3 geht es um *den Schöpfer* und nochmals um *er*:

Lasset uns singen, und Gott jetzt bringen
Güter und Gaben; was wir nur haben,
alles sei Gotte zum Opfer gesetzt!
Die besten Güter sind unsre Gemüter;
dankbare Lieder sind Weihrauch und Widder,
an welchen Gott sich am meisten ergötzt.

Nach demselben Prinzip wird aus *er* nun *Gott* und aus *dem Schöpfer* ebenfalls *Gott* mit einem weiteren Wort, damit die Silbenzahl passt. Eigentlich ist das relativ harmlos.

---

[2] Vgl. analoge Erfahrungen beim Absingen von ö-Fassungen traditioneller Lieder (z. B. *Nun danket alle Gott* EG 321) mit nicht weniger deutlichen Abweichungen vom früher verbreiteten Original.

In meiner Werkstatt geht es nun bei Strophe 4 wieder um *Gottes* und andere Fragen wie die *Barmherzigkeit* mit dem geeigneten Pronomen dazu. Mein Vorschlag lautet dann:

Abend und Morgen sind Gottes Sorgen;
segnen und mehren, Unglück verwehren
sind solche Werke und Taten allein.
Wenn wir uns legen, so ist Gott zugegen;
wenn wir aufstehen, so lässt Gott aufgehen
über uns großer Barmherzigkeit Schein.

Zugegeben kommt so *Gott* relativ häufig vor, aber ich habe noch keine bessere Lösung. Es ist dies ja ein Werkstattbericht und ich bin jederzeit offen für weitere Anregungen.

Zwei weitere Strophen von diesem Lied seien aufgegriffen. In der sechsten geht es um *des Bruders und Nähesten Haus*. Bei mir heißt das nun:

Lass mich mit Freuden ohn alles Neiden
sehen den Segen, den du wirst legen
in der Geschwister und Nähesten Haus ...

Ich denke, sprachlich passt das: *... in der Geschwister und Nähesten* bleibt nicht im Singular und agiert mit *Geschwistern* sogar im Wortsinn inkludierend. Schließlich noch die 8. Strophe:

Alles vergehet, Gott aber stehet / ohn alles Wanken; diese Gedanken,
auch Wort und Wille hat ewigen Grund.
Denn Heil und Gnaden, die nehmen nicht Schaden,
heilen im Herzen die tödlichen Schmerzen,
halten uns zeitlich und ewig gesund.

Also nicht <u>sein</u> *Heil und Gnaden*, sondern <u>Denn</u> *Heil und Gnaden, die nehmen nicht Schaden*. Und nicht <u>seine</u> *Gedanken*, sondern <u>diese</u>. Nicht sein *Wort und Wille*, sondern *auch Wort und Wille hat ewigen Grund*. Soweit die Vorschläge zu Gerhardts *Die güldne Sonne*. Das Lied habe ich auf diese Weise nicht komplett durchgearbeitet, weil im Kirchentagsliederheft (und auch in den folgenden) nicht alle Strophen stehen. Insofern war meine Aufgabe damit erfüllt. Weitergearbeitet habe ich daran bisher nicht.

4. Beispiel *Lobet den Herren, alle die ihn ehren*

Bei diesem Lied (EG 447) wird die Sache etwas komplizierter. Hier endet ja jede Strophe refrainartig *Lobet den Herren*. Auch der Liedanfang lautet programmatisch *Lobet den Herren*. Ich sehe hier zwei Möglichkeiten: Entweder *Lobet die Höchste*. Dann ist aber der Wechsel von *dem Herrn* auf *die* eben (nur) binär. Wenn ich ein anderes Gottesbild für möglich halte, könnte ich anders auch singen: *Lobet das Höchste*, und das ist für mich Gott. Das wäre sozusagen eine Erweiterung des Gottesbildes. Wenn die erste Strophe mit der weiblichen Fassung beginnt, hieße das dann:

> Lobet die Höchste alle, die sie ehren;
> lasst uns mit Freuden diesem Namen singen
> und Preis und Dank zum Altar Gottes bringen. Lobet das Höchste!

Stillschweigend habe ich jetzt auch *zu seinem Altar* korrigiert *zum Altar Gottes*. In meinem Verständnis ist es von der Sache her immer noch das gleiche.

Wir kommen zur zweiten Strophe. Diese beginnt ja anders. Zunächst wieder in der weiblichen Fassung: *Die unser Leben, das sie uns gegeben* – jetzt können wir natürlich nicht *väterlich bedecket* singen, sondern ... *in dieser Nacht so gnadenvoll bedecket / und aus dem Schlaf*...

Ich habe also auch stets versucht, die Reimschemata einzuhalten, also nicht Reime zu erfinden oder Worte zu erfinden, die vielleicht schön sind, aber überhaupt nicht ins System passen. Noch etwas kniffliger wird es bei der dritten Strophe. Da habe ich damals ziemlich lange darüber gebrütet, wie der Strophenanfang *O treuer Hüter, Brunnen aller Güter* unter dieser Maßgabe zu lösen wäre. Auch um den Binnenreim *Hüter / Güter* zu erhalten, brauchte ich hier eine andere Reimstellung, die gleichwohl sich vor dem ersten Komma und vor dem zweiten Komma jeweils reimt. Herausgekommen ist dies: *O große Treue, Brunnen für das Neue, ach lass doch ferner ...* Das in der barocken Emblematik sehr verbreitete Bild des Brunnens für Christus wollte ich erhalten, und darum herum ergab sich dann dies.

5. Beispiel *Ich singe dir mit Herz und Mund*

Nur weniges zu diesem Lied (EG 324). In der ersten Strophe können wir *Herr* mühelos durch *Gott* ersetzen: *Ich singe dir mit Herz und Mund, Gott, meines Herzens Lust ...*

In der nächsten Kirchentagsliederheftstrophe – das war dann Strophe 3 – war etwas mehr zu tun. Irgendetwas muss da mit dem *Vater* passieren. Wenn ich das konsequent durchführe, komme ich auf eine Möglichkeit, die folgendermaßen lautet:

Was sind wir doch? Was haben wir / auf dieser ganzen Erd,
das uns, du Höchste(s), nicht von dir / allein gegeben werd?

Mit dem eingeklammerten *s* entscheide ich über das Gottesbild. Also nehme ich ein weibliches Gottesbild oder ein geschlechtsloses ohne Gender, wie ich das mache.

Ein weiteres Beispiel wäre die zweite Hälfte der Folgestrophe 4. Hier lautet die Frage jetzt *Wer ist es, wer uns unser Feld*, um *der* zu vermeiden. Mehr passiert da nicht.

Interessanter wird es beim nächsten Beispiel, der Strophe 6: *Wer gibt uns Leben und Geblüt? Wer hält mit seiner Hand / den güldnen, werten, edlen Fried / in unserm Vaterland?* (Wortlaut EG). Zur Problematik von *seiner* kommt hier noch das *Vaterland*. Die Alternative wäre:

Wer gibt uns Leben und Geblüt? Wer hält mit sich'rer Hand
den güldnen, werten, edlen Fried / in unserm ganzen Land?

Schließlich noch die siebte Strophe. Hier dann eben nicht *Ach Herr, mein Gott, das kommt von dir*, sondern: *Ach du, mein Gott, das kommt von dir* …

Das finde ich sogar ziemlich gut, weil ich mit dieser Anrede, so denke ich, noch dichter, noch persönlicher an Gott herankomme. Bei *Ach Herr, mein Gott* ist der Adressat irgendwo. Mit *Ach du, mein Gott*, ist es dichter, ohne dass die Sprechrichtung verändert wird. Bei diesem Lied entsteht ja oft bei der Strophenauswahl ziemlich viel Kraut und Rüben, indem Strophen aus den drei Teilen nach Belieben aneinandergereiht werden und so eben die Sprach- und Sprechrichtungsänderung nicht richtig beachtet wird. Wenn ich in unserer Variante nicht *Herr* sage, sondern *du*, bin ich im zweiten Teil sprachlich trotzdem auf Gott ausgerichtet.

6. Politische Implikationen

Ich komme zu den politischen Implikationen. Ich hatte es schon angedeutet: das eine ist die geschichtliche Einordnung. Da wissen wir ja relativ gut Bescheid, was Paul Gerhardt betrifft, aber auch seine Zeitgenossen vorher, hinterher usw. Aber wir haben es bei unseren heutigen Gottesdienstgemeinden und vor allem bei der etwas jüngeren Generation eben doch mit Menschen zu tun, die so viel an Vorverständnis nicht haben. Zu wissen, wann der Dreißigjährige Krieg war, genügt ja nicht. Es gibt viele weitere Begriffe, die nicht sofort verständlich sind. Im Hymnologieunterricht habe ich das gelegentlich mal thematisiert, indem ich einfach einen Paul-Gerhardt-Text und einen sehr modernen Text nebeneinander gestellt habe. Poetisch kann man viele Fragen stellen an einen neueren Text. Aber die Studierenden haben tatsächlich nur von ihrem Vorverständnis her den neuen Text rezipiert und mit Gerhardts Text ihre Mühe gehabt. Dabei hatte ich nichts Kompliziertes genommen als eben jenes *Ich singe dir mit Herz und Mund* (EG 324). Selbst bei diesem Lied sind die Studierenden über manche Formulierungen schon gestolpert. Man kann das dann natürlich alles erklären, lässt aber doch die Lampen aufgehen und sagen, auch in den politischen Zusammenhängen müssten wir versuchen, dass wir das über die Vermittlung hinaus so schaffen, dass man ein Lied tatsächlich im Gottesdienst sofort nehmen kann.

Wir leben ja in einer Zeit, wo die politische Korrektheit (political correctness / PC) ein sehr wichtiger Aspekt ist. Und was ich jetzt weiter ausführe, geht tatsächlich mehr in Richtung Politik als in Richtung Theologie. Beim Eingangsbild vom Freylinghausenschen Gesangbuch (Halle, 1704) ist die Weltkugel abgebildet in einer bedenklichen Weise, die natürlich zeittypisch ist. Da sieht man die Weltkugel teilweise beleuchtet, und die hellen Teile, der beleuchtete Teil ist Europa und ein bisschen von Nordamerika. Was man sonst von der Weltkugel sehen kann, ist dunkel. Im Kontext der ganzen Aufarbeitungsgeschichte, die uns jetzt mit Kolonialismus und vielem anderen beschäftigt, ist das eben auch eine Frage an das christliche Verständnis und danach, dass die Geschichtsschreibung doch sehr eurozentristisch unterwegs war und auch das Gesellschaftsverständnis. Wir in Europa sind die Erleuchteten. Wir gehen jetzt hin und missionieren nicht nur im positiven Sinne, sondern sagen anderen, wie es geht. Das betrifft nicht nur das Christentum, sondern die gesamte politische Kaste, wie man drastisch formulieren könnte.

Ein paar Beispiele aus dem Gesangbuch, um dies etwas zu illustrieren. Zunächst EG 133 *Zieh ein zu deinen Toren*. In diesem Lied von Paul Gerhardt heißt es in (Gesangbuch-)Strophe 8:

Du, Herr, hast selbst in Händen / die ganze weite Welt,
kannst Menschenherzen wenden, wie dir es wohlgefällt;
so gib doch deine Gnad zu Fried und Liebesbanden,
verknüpf in allen Landen, was sich getrennet hat.

Da kann man fragen: wer hat sich denn eigentlich getrennt? Auf wen bezieht sich das? Und was meint *verknüpf in allen Landen*? Kann man da stolpern? Ist da die Gefahr dabei, dass welche ausgeschlossen sind? Und wer sind *alle Lande*? Sind das eben nur die hellen europäischen und amerikanischen Lande oder sind es doch mehr?

Ein anderes Beispiel aus *Nun danket all und bringet Ehr* (EG 322): Die sechste Strophe lautet:

Er lasse seinen Frieden ruhn / auf unserm Volk und Land;
er gebe Glück zu unserm Tun / und Heil zu allem Stand.

Unser Volk und Land – wir können uns vorstellen, was gemeint ist. Aber dies ist eigentlich partiell ausschließend. Wie gesagt, die Texte zu ändern, funktioniert nicht. Aber mir ist wichtig, dass wir eine gewisse Sensibilität dafür entwickeln, wenn wir singen *auf unserm Volk* – wer ist das? – *und Land*. Schließlich noch einmal die Sache mit dem *Vaterland* in EG 324,6. Das ist ja nicht nur ein sprachliches Problem, sondern eben auch ein politisches. *In unserm Vaterland* heißt: für andere gilt das nicht. Was passiert da eigentlich, wenn wir das politisch konsequent durchziehen? Und es geht eben nicht um Historie, sondern tatsächlich um die Gegenwart der dies singenden Gemeinde.

Das waren jetzt einige Beispiele für das Problemfeld territoriales Verständnis. Ich möchte noch ein paar Beispiele nennen, wo es zu politischen Missdeutungen kommen kann. Zunächst noch einmal zu EG 133 *Zieh ein*, was ja bis zum Vorgängergesangbuch EKG *Zeuch ein* hieß – kleine Änderungen kennen wir also schon. In (Gesangbuch-)Strophe 10 heißt es: *Beschirm die Obrigkeiten*. Das ist so eine Stelle, wo heutige Menschen leicht drüber stolpern. Wer sind da eigentlich *die Obrigkeiten*? Das klingt so unangreifbar, von Gott gesetzt. So war zu Gerhardts Zeit ja auch das Verständnis. So verstehen wir es aber nicht mehr. Obrigkeiten werden (bei uns) in demokratischen Prozessen gewählt. (Was da kürzlich in Großbritannien bei der Krönung von King Charles vor sich ging, war ja schon ein bisschen lustig: Die einen sind völlig hingerissen und knien vor den goldenen Kutschen und die anderen sagen: »Not my King«. Der ist ja nicht gewählt.) Überhaupt ist *die Obrigkeiten* ein widerständiger

Begriff, den wir heutzutage eben auch nicht mehr benutzen. Das spricht allerdings nicht gegen die Bitte *Beschirm*. Für die (gewählten) Regierenden zu beten, ist ein Anliegen, was in unseren Gottesdiensten, so wie ich das erlebe, ziemlich zu kurz kommt. Vielleicht geht uns das nicht so richtig über die Lippen, wenn wir uns die einzelnen Gesichter dabei vorstellen. Aber eigentlich ist es eine gute Übung, ab und an für die Regierenden zu beten, ohne ihnen zu sagen, was sie genau machen sollen.

In Gerhardts Lied *Gib dich zufrieden und sei stille* EG 371 ist in Strophe 11 die Rede von *die Rotten deiner Feinde*. Auch dies doch sehr abständige Wort *die Rotten* ist eigentlich nicht mehr tragbar. Rotte war ja im Dritten Reich gebräuchlicher Begriff für Gruppenformen von SS, SA und HJ. Dazu gab es die Rottenführer, im Status von Gefreiten oder Obergefreiten, die über die Rotte befehligten. ... In dieser Sprachlogik gibt es in EG 325 *Sollt ich meinem Gott nicht singen* in Strophe 4 *den edlen Führer*. Gemeint ist explizit Gottes *Geist*, aber auch das bleibt eine Stolperstelle.

Tatsächlich gibt es im Gesangbuch-Liedbestand von Paul Gerhardt nicht sehr viele in dieser Hinsicht problematische Stellen. Die hier genannten Beispiele sind überschaubar und auch nicht so diffizil. Es gibt aber im Umfeld deutlich mehr, etwa im Pietismus, und die Problematik wird schärfer. Aber da hier der Blick auf Paul Gerhardt gerichtet ist, war dieses nicht mein Thema.

7. Kirche und Israel[3]

Mit unserem christlichen Singen müssten wir einfach auf der Höhe der Gespräche im christlich-jüdischen Dialog sein. Alle Landeskirchen haben inzwischen in ihren Präambeln oder Grundordnungen die bleibende Verbindung zum Volk Israel explizit benannt. Es stellt sich sogleich die Frage,

---

[3] Vgl. die Ausführungen dazu in diesem Band beim Beitrag von Bernhard Leube, S. 46 ff.

was eigentlich mit Israel theologisch gemeint ist – der Flecken in Palästina oder das Volk Israel?

Im vorigen Jahr habe ich die (soziologische) Dissertationsschrift von Erich Fromm aus dem Jahr 1922 gelesen. Der Titel lautet: »Das jüdische Gesetz. Zur Soziologie des Diaspora-Judentums«, ein sehr interessantes Büchlein mit gerade mal 200 Seiten. Da ist gut nachvollziehbar entfaltet, wie die Geschichte des Judentums in Europa gelaufen ist und dass wir keineswegs davon ausgehen können, dass in der europäischen Geschichte immer und überall die Verbindung zum Volk Israel eine gute war. Es stand aber auch nicht immer nur die Vertreibung im Vordergrund. Es hat alles Mögliche gegeben. Insofern denke ich tatsächlich, dass das Volk gemeint ist, wenn es um Israel geht.

Und gleichwohl – wie von Bernhard Leube ausgeführt – Israel ist im Kirchenlied vergessen, es kommt wenig vor. Da haben wir möglicherweise auch noch Nachholbedarf. Die von Leube benannte Eingabe an die Gesangbuchkommission liegt mir vor und ich zitiere daraus einen Satz: »Lieder, die den Namen Israel enthalten, stammen so gut wie alle aus Zeiten, als mit ›Israel‹ selbstverständlich die christliche Kirche gemeint war und man ebenso selbstverständlich dem jüdischen Volk diesen Namen und Ehrentitel abgesprochen hat. Solche Lieder müssen daraufhin geprüft werden, ob sie nicht mit dem neuen Israel-Paradigma gegen die Intention ihrer Verfasser neu singbar sind.« Das ist eine nicht ganz einfache Aufgabe, über die zu beraten ist und die zu lösen noch vor uns steht.

Als Beispiel benenne ich wie Leube Strophe 6 in *Nun danket all und bringet Ehr* (EG 320): nicht die modifizierte Gesangbuchversion *in unserm Volk und Land* (statt *Vaterland*) sondern original: *Er lasse seinen Frieden ruhn in Israelis Land*. Es wäre tatsächlich zu prüfen, was wir damit machen, aber eben nicht wegen Palästina, sondern wegen des Volkes Israel. Im schon besprochenen Lied *Lobet den Herren* (EG 447) heißt es in Strophe 10: ... *und all deine Frommen, die sich bekehren (gnädig dahin bringen)*. Wer ist mit diesen Bekehrten gemeint? Es gibt auch das anders gepolte Beispiel *Du meine Seele singe* (EG 302). Das Lied endet in der Schlussstrophe: *jedoch, weil ich gehöre gen Zion in sein Zelt (ist's billig, dass ich mehre, sein Lob vor aller Welt).* Hier ist Zion tatsächlich in einer positiven Bedeutung erfasst – das Zelt auf dem Zion. Ich denke, die Sehnsucht nach Zion, in sein Zelt der Gottesgegenwart zu kommen, ist auch heute, ganz egal wo wir politisch und kirchlich gerade stehen, ein lohnendes und zu ersehnendes Ziel.

Das geht nochmal ein bisschen zurück. Da gibt es ja die wunderschöne, nicht mehr vorhandene zweite Strophe, wo es um die Fürstenkritik geht: *Ihr Menschen, lasst euch lehren, es wird sehr nützlich sein: lasst euch doch nicht betören die Welt mit ihrem Schein. Verlasse sich ja keiner auf Fürsten Macht und Gunst, weil sie, wie unser einer, nichts sind, als nur ein Dunst.* Das ist Klartext und widerspricht nicht der Idee, für die Obrigkeit oder für Regierende zu beten.

Ich setze zu meinem Finale an, also zu dem Strick, der den Sack zu bindet. *Gen Zion in sein Zelt* – die positive Deutung. Und damit möchte ich tatsächlich schließen.

... gibt Wege, Lauf und Bahn?
Nachdenken über Paul Gerhardts Gottesbild

Jutta Koslowski

Das bekannteste aller Paul-Gerhardt-Lieder dürfte wohl das zwölfstrophige Akrostichon *Befiehl du deine Wege* (EG 361) sein, dem das Zitat im Titel dieses Beitrags entstammt. Im Lauf der vergangenen Jahrhunderte und bis zum heutigen Tag hat es schon unzähligen Menschen Gottvertrauen und Trost in schwierigen Lebenslagen vermittelt. Die Lieder von Paul Gerhardt zeichnen sich aber nicht nur durch ihre tiefgründige Gläubigkeit aus, sondern durch ihre Substanz. Es lohnt sich, bei ihnen auf den Inhalt zu achten – auch wenn etliche seiner Lieder so wunderschön vertont sind (u. a. von klassischen Komponisten wie Johann Sebastian Bach, Johann Crüger oder Georg Philipp Telemann), dass man geradezu versucht sein könnte, sich durch die Melodie davontragen zu lassen und dabei den Text zu übersehen. So etwas mag angehen bei manchen modernen Lobpreis-Liedern, die sich auf elementare Aussagen beschränken wie *Du bist Herr*[1] – aber bei einem Paul-Gerhardt-Lied sollte man nicht nur hinhören, sondern auch hinschauen, denn es enthält in jedem Fall eine Botschaft. Die charakteristischen Elemente dieser Botschaft sind deutlich: Ergebenheit in das eigene Schicksal – jedoch nicht aus Resignation, sondern aus Vertrauen in das Walten Gottes; außerdem eine feste Zuversicht auf das Leben nach dem Tod. Diese Jenseitshoffnung, ja geradezu Freude auf die Ewigkeit, hat wiederum nichts mit Morbidität zu tun, sondern verbindet sich mit einer bemerkenswerten Diesseitsbejahung und Liebe zu Gottes Schöpfung.

---

[1] So der Titel einer im freikirchlichen Bereich bekannten Liedersammlung, die inzwischen in fünf Bänden erschienen ist, sowie eines der darin enthaltenen Lieder von Marvin Virgil Frey aus dem Jahr 1977.

An drei konkreten Liedbeispielen wollen wir im Folgenden der Theologie Paul Gerhardts nachspüren – dabei habe ich zunächst ein weniger bekanntes Lied ausgewählt (*Ich bin ein Gast auf Erden*), sodann zwei Klassiker: *Lobet den Herren, alle die ihn ehren* und *Befiehl du deine Wege*. Wir wollen dabei insbesondere nachdenken über Paul Gerhardts Gottesbild, das in diesen Liedern zum Ausdruck kommt – und über uns selbst bzw. darüber, inwiefern wir zu diesem Gottesbild »Amen« sagen können und wo wir daran Korrekturen vornehmen möchten.

1. Ich bin ein Gast auf Erden

Der Inhalt dieses Liedes (EG 529)[2] besteht, wie so oft bei Paul Gerhardt, aus zwölf Strophen – zwölf als Symbol der Vollkommenheit in der biblischen Tradition. Zum Vollkommenen möchte der Dichter die Gläubigen führen, und das ist für ihn die Ewigkeit. Wie alle Lieder von Paul Gerhardt endet auch dieses im Himmel, in der Geborgenheit bei Gott. Doch bevor wir dort ankommen, nimmt uns der Text auf eine lange Reise mit; er begleitet uns auf dem Lebensweg, der hier *auf Erden* beginnt und durch zahlreiche Versagungen und Prüfungen führt.

Text bedeutet ja wörtlich so viel wie Gewebe, und tatsächlich sind diese Strophen wie ein fein gesponnenes Netzwerk, in dem die einzelnen Stränge kunstvoll miteinander verwoben sind. Einer dieser Stränge ist das Motiv vom *Gast*, von dem dieser Gesang seinen Namen hat. *Ich bin ein Gast auf Erden*: Mit diesen Worten beginnt Paul Gerhardt, und dies ist das Thema, welches das gesamte Lied durchzieht. Manche Christen beten vor dem Essen: »Komm, Herr Jesus, sei du unser Gast, und segne,

---

[2] Vgl. Jutta Koslowski (Hg.): *Ich bin ein Gast auf Erden*. Ein Trostbuch zum Betrachten und Singen. Mit dem Liedtext von Paul Gerhardt (Aquarelle von Dieter Hecht), Bad Camberg (Präsenz Verlag) 2015. Das Lied ist zu unterscheiden von dem im katholischen Gesangbuch *Gotteslob* (2013) als Nr. 505 enthaltenen Gesang aus dem 20. Jahrhundert *Wir sind nur Gast auf Erden*.

was du uns bescheret hast.« Der Liederdichter sieht es umgekehrt und stellt die Wahrheit damit wieder vom Kopf auf die Füße: Nicht wir sind es, die Gott großmütig an unseren Tisch einladen, sondern der Herr der Welt ist der Gastgeber, dem wir alles zu verdanken haben. Wenn wir hier auf Erden nur zu Gast sind, dann stellt sich die Frage, wo denn unsere *Heimat* ist, und sie wird im Lied beantwortet: Im *Himmel*, da ist unser *Vaterland* (Str. 1).

Ein weiterer Strang ist das Bild von der Reise: Als Gast in dieser Welt sitzen wir nicht zurückgezogen hinter dem heimischen Ofen, sondern wir sind auf einer *Wanderschaft* (Str. 9), ja einer Pilgerschaft, denn unser Weg hat ein geistliches Ziel. Dies erinnert an einen Klassiker der spirituellen Literatur, an das Buch *Die Pilgerreise* von John Bunyan (1628-1688),[3] einem Zeitgenossen von Paul Gerhardt. Auch hier wird das Leben des Christen als ein beständiges Fortschreiten durch viele Widrigkeiten bis hin zur himmlischen Heimat beschrieben. Solange wir unterwegs sind, ist unser Dasein von Heimatlosigkeit geprägt, so wie es im Hebräerbrief beschrieben ist: »Wir haben hier keine bleibende Stadt, sondern die zukünftige suchen wir.« (Hebr 13, 14) Dass wir uns hier auf dieser Erde nicht zu bequem einrichten sollten, dass wir vom diesseitigen Leben nicht zu viel erwarten dürfen – dies ist eine Botschaft, die für uns Menschen im 21. Jahrhundert herausfordernd und heilsam ist.

Ein anderer Faden im Gewebe dieses Textes ist das Motiv des Leides. Immer wieder ist die Rede von *Mühe, Not, Verfolgung, Kummer* und *Sorgen*, die das Leben der Frommen hier auf Erden prägen:

Was ist mein ganzes Wesen / von meiner Jugend an
als Müh und Not gewesen? Solang ich denken kann,
hab ich so manchen Morgen, so manche liebe Nacht
mit Kummer und mit Sorgen / des Herzens zugebracht. (Str. 2)

---

[3] John Bunyan, Die Pilgereise zur seligen Ewigkeit, Holzgerlingen ³2023 [Erstveröffentlichung 1678].

Ja, wir sind *Gast auf Erden* – aber hier gilt nicht »der Gast ist König«, wie ein Sprichwort sagt. Sondern eher die biblische Mahnung »der Gerechte muss viel erleiden« (Psalm 32,20). Tatsächlich hat der Liederdichter ja selbst viel Schweres erlebt. Er erfuhr die Wirren des Dreißigjährigen Krieges mit Hungersnöten und Seuchen; mit zwölf Jahren verlor er den Vater, mit vierzehn die Mutter; vier seiner fünf Kinder verstarben früh, nur eines überlebte. Und zweifellos zählte sich Paul Gerhardt auch zu jenen, die ungerecht verfolgt werden. Er war Pfarrer in Berlin, wurde dort aber seines Amtes enthoben, weil er sich geweigert hatte, dem Toleranzedikt des reformierten Kurfürsten zuzustimmen.

Deshalb, weil das Leben hier auf Erden ein »Jammertal« ist, wird der Tod als Erlösung gesehen. So ist das Thema Sterben wiederum ein Faden, der in das Gewebe dieses Liedes hineingewoben ist. Ganz anders als für uns Heutige, die dem Traum von der ewigen Jugend nachjagen und den Tod zu verdrängen suchen, war für Paul Gerhardt der Tod positiv besetzt. Er ist Heimkehr und Ankunft nach dem beschwerlichen Pilgerweg. Deshalb spricht das Lied von der ewigen *Ruhe* (Str. 1) und vom *Grab* als *Schoß* (Str. 4), in dem wir geborgen sind. Der Tod ist nicht nur das Ende unseres Lebens, sondern auch sein Ziel, seine Vollendung.

Damit hängt zusammen, dass der Liederdichter sich ausdrücklich nach dem Tod sehnte. Er ist lebensmüde, zumindest lebenssatt. Man spürt, dass er zu dem Zeitpunkt, als er den Text verfasste, bereits ein älterer Mann war – er stand in seinem 60. Lebensjahr, als dieses Lied erschien. Er war geprägt vom resignativen Realismus des 90. Psalms, wo es heißt: »Wir bringen unsere Jahre zu wie ein Geschwätz. Unser Leben währt siebzig Jahre, und wenn's hoch kommt, so sind's achtzig Jahre, und was daran köstlich scheint ist doch nur vergebliche Mühe« (Ps 90, 9f.). Dies greift Paul Gerhardt in der achten und neunten Strophe seines Liedes auf, wo er Gott ausdrücklich bittet: *Komm, mach ein selig Ende an meiner Wanderschaft.*

All dies ist eine Provokation für uns, die wir 350 Jahre nach dem Tod des Dichters leben. Kein Wunder, dass dieses Lied kaum mehr in allen Strophen gesungen wird – es geht uns nicht leicht über die Lippen. Seine

Worte sind vielleicht zu groß für uns, jedenfalls sind sie uns fremd. Die Spiritualität des heutigen Menschen ist geprägt von Liebe zur Welt, von Diesseitsgewandtheit, und das ist gut so. Dass das Reich Gottes hier auf Erden anbrechen soll; dass wir Krieg, Hunger und Umweltzerstörung bekämpfen sollen und können; dass der Glaube nicht dazu missbraucht werden darf, die Menschen zu betäuben und auf ein besseres Jenseits zu vertrösten – das haben wir erst nach Paul Gerhardt gelernt. Von wem? Nicht zuletzt von unseren jüdischen Geschwistern, welche die Aufgabe des Menschen auf der Erde als »Tikkun olam« beschreiben – die »Reparatur der Welt«. Ja, als Weltverbesserer wollen wir Partner an Gottes Seite sein.

Und dennoch (oder gerade deshalb) bildet das Lied *Ich bin ein Gast auf Erden* hierzu ein notwendiges Gegengewicht. Was bedeutet es für unsere Diskussion um Sterbehilfe und assistierten Suizid, wenn Paul Gerhardt so freimütig bekennt: Ich bin das Leben leid – und ihm trotzdem nicht selbst ein Ende setzt, sondern gläubig auf Gottes Erlösung vertraut?

Das Lied vom *Gast auf Erden* kann uns dabei helfen, unsere überzogenen Erwartungen an Glück und Erfolg im Leben ins rechte Licht zu rücken. Denn »Tikkun olam« bedeutet auch: Wir können das Werk, das uns aufgetragen ist, nicht vollenden. Immer wieder werden wir Rückschläge erleben. In unserer persönlichen Lebenserfahrung bleiben wir von Krankheit, Verlust, Tod, Ehescheidung, Arbeitslosigkeit und von Phasen der Depression nicht verschont. Warum wundern wir uns darüber so sehr, wenn es uns trifft oder wenn es andere trifft? Vielleicht vergessen wir zu oft, dass im Mittelpunkt unseres Glaubens das Bild vom Kreuz steht – ein radikales Symbol für das Leiden und Scheitern des Gerechten, von Gott zugelassen, warum auch immer. Wenn wir diese Wirklichkeit des Kreuzes annehmen, dann können wir am Ende mit Paul Gerhardt vom Glauben an die Auferstehung und an unsere ewige Geborgenheit bei Gott singen:

Da will ich immer wohnen / und nicht nur als ein Gast
bei denen, die mit Kronen / du ausgeschmücket hast;
da will ich herrlich singen / von deinem großen Tun
und frei von schnöden Dingen / in meinem Erbteil ruhn. (Str. 12)

2. Lobet den Herren, alle, die ihn ehren

Das Lied *Lobet den Herren* (EG 447) hat es in sich. Dies wurde mir unversehens bewusst, als ich es eines Tages während eines Festgottesdienstes zu Ehren der Freiwilligen Feuerwehr sang; deshalb verbindet mich mit diesem Lied eine besondere Geschichte.[4] In der vierten Strophe heißt es da:

Dass Feuerflammen uns nicht allzusammen
mit unsern Häusern unversehns gefressen,
das macht's, dass wir in seinem Schoß gesessen. Lobet den Herren!

Diese Worte waren zweifellos passend zum Anlass gewählt. Aber ist es auch wahr, was ich da gerade gesungen habe? Während ich mich das fragte, blieb mir der Text geradezu im Hals stecken. Denn diese Frage muss ich ehrlicherweise verneinen. Dass Menschen vor Schaden bewahrt werden, ereignet sich ebenso, wie dass sie Hab und Gut, vielleicht sogar Leib und Leben verlieren (etwa bei einer Feuersbrunst). Gerade deshalb gibt es ja eine Einrichtung wie die Freiwillige Feuerwehr, weil Gefahren allgegenwärtig sind und zu unserer Lebenswirklichkeit gehören. Wenn es gut ausgeht (was man jedem nur wünschen kann), dann war es offensichtlich die Tatkraft von Menschen, die dazu beigetragen hat. Ob das auch etwas mit dem »lieben Gott« zu tun hat, ist fraglich. Denn für eine konsistente Weltanschauung muss es schließlich argumentative Kohärenz geben. Hat Gott bei Glücksfällen seine Hand im Spiel, ergibt sich not-

---

[4] Vgl. Jutta Koslowski: »… das macht's, dass wir in seinem Schoß gesessen« - Abschied nehmen vom allmächtigen Gott und neu glauben lernen. In: Deutsches Pfarrerblatt, Jg. 119 (2019), Heft 5, 255–260; dies., (Wie) waltet Gott? Über den Ort der Anwesenheit Gottes in der Welt, in: Verantwortung, Jg. 30 (2016), Nr. 57, 24–29; dies., Wie können wir heute von Gott verantwortlich reden? Plädoyer für ein progressives Gottesverständnis, in: Verantwortung, Jg. 30 (2016), Nr. 58, 30–33.

wendigerweise die Schlussfolgerung, dass dies umgekehrt auch für Unglücksfälle gilt – wenn nicht durch aktives Tun, dann zumindest in Form der Unterlassung (was für dieses Problem jedoch keinen grundsätzlichen Unterschied bedeutet). Aus diesem Dilemma kommt Gott, kommt der Glaube an ihn nicht heraus. Die Behauptung, dass Gott einige Menschen vor Unglück bewahrt, anderen jedoch Leid widerfährt, und dass dies sowohl mit Gottes Liebe als auch mit seiner Allmacht und Gerechtigkeit vereinbar ist, es sich hierbei allerdings um ein Mysterium handelt, das trotz Jahrtausende langer Bemühungen von Menschen nicht begriffen werden kann – dieses Bündel von Behauptungen ist weniger überzeugend als die schlichte Grundannahme des säkularen Menschen, dass es einen solchen Gott nicht gibt. Also: Die vor einer Feuersbrunst Bewahrten sitzen keineswegs in Gottes Schoß, sondern sie sitzen gemeinsam mit allen von einem Unglücksfall Betroffenen im gleichen Boot. Ungeschützt und mutig segeln sie auf das offene Meer ihres Schicksals hinaus, den vermeintlich sicheren Hafen des Glaubens und Irrglaubens hinter sich lassend, den Stürmen des Lebens ausgesetzt. Und dennoch suchen sie Orientierung am Himmel, bei den Sternen.

Das Theodizeeproblem, das sich hinter den hier aufgeworfenen Fragen verbirgt, gehört (m. E. wegen der in ihm implizierten Aporien) zu den in der Theologie am meisten diskutierten Themen. Es lässt sich bekanntlich so beschreiben, dass es drei Grund-Aussagen des Glaubens gibt, die zueinander in unauflöslicher Spannung stehen:

1. Es gibt das Leid.
2. Gott ist gut.
3. Gott ist allmächtig.

Würde eine dieser Behauptungen wegfallen, wäre das Theodizee-Problem nicht mehr vorhanden, doch alle drei lassen sich nicht stimmig miteinander vereinbaren. Man könnte das Problem lösen, indem man den ersten dieser Sätze negiert und die Existenz des Leidens bestreitet. In manchen fernöstlichen Religionen gibt es Ansätze, die in diese Richtung weisen, aber sie erscheinen zynisch und sind mit dem diakonischen Grundimpuls des Christentums kaum vereinbar. Im Prinzip könnte man auch die zweite Aussage verneinen und Gott zu einer bösen oder zumindest willkürlichen und unberechenbaren Macht erklären. Doch auch dieser Vorschlag ist mit dem christlichen Glauben schwer in Einklang zu bringen. Bleibt die dritte Behauptung: »Gott ist allmächtig«. Können wir auf sie verzichten und auf diese Weise das Theodizee-Problem einer plausiblen Erklärung zuführen? Ich meine: ja.

Spätestens seit dem radikalen Umdenken, das in der »Theologie nach Auschwitz« zum Ausdruck kommt, wurde das Dogma von der Allmacht Gottes in Frage gestellt.[5] Kein Zweifel: Hier geht es um Grundlegendes, doch anders als durch solche »notwendigen Abschiede«[6] ist eine »glaubwürdige«[7] Antwort auf die Theodizeefrage nicht zu gewinnen. Der Begriff Allmacht impliziert bereits, dass er keine Einschränkungen duldet. Und wenn wir Gott als »nicht allmächtig« bezeichnen, so erfordert dies, dass wir traditionelle theologische Entwürfe hinter uns lassen. Wobei es in der Tradition auch gewichtige Anknüpfungspunkte für die Vorstellung von Gottes Ohnmacht gibt – allen voran die gebundenen, verwundeten und ausgebreiteten Hände von Jesus am Kreuz. Allerdings muss der Abschied von der Allmacht Gottes ja nicht gleich ein Bekenntnis zu Gottes Ohnmacht bedeuten;[8] zwischen diesen beiden Extremen gibt es noch viel Platz. Wie wäre es, wenn wir zur biblischen Quelle zurückkehren und einfach von Gottes »Macht« sprechen?[9] Das tue ich seit einigen

---

[5] Vgl. Hans Jonas, Der Gottesbegriff nach Auschwitz. Eine jüdische Stimme, Frankfurt 1987; Jutta Koslowski, (Wie) waltet Gott? (wie Anm. 4).
[6] Vgl. Klaus-Peter Jörns, Notwendige Abschiede. Auf dem Weg zu einem glaubwürdigen Christentum, Gütersloh [6]2017.
[7] Vgl. Klaus-Peter Jörns, Glaubwürdig von Gott reden. Gründe für eine theologische Kritik der Bibel, Stuttgart 2009.
[8] Vgl. Dorothee Sölle, Stellvertretung. Ein Kapitel Theologie nach dem Tode Gottes, Stuttgart 1965, 171.
[9] Vgl. Ps 21,14; Ps 62,12; Ps 66,7 u. ö.

Jahren und habe in meiner liturgischen Sprache die drei kleinen Buchstaben »all-« ersatzlos gestrichen: »Es segne und behüte uns der mächtige und barmherzige Gott. Amen.« Die meisten Gottesdienstbesucher merken nichts davon – oder sagen zumindest nichts dazu. Und wenn es doch jemandem auffällt, ergeben sich manchmal fruchtbare Gespräche, bei denen ich erkläre, dass ich lieber den Mund nicht zu voll nehmen möchte: Dass Gott »mächtig« ist, das ist für mich glaub-würdig, dafür stehe ich ein; was zweifelhaft ist, dürfen wir getrost auf sich beruhen lassen (ohne dabei heterodox zu werden). »Weniger ist mehr« – das gilt meiner Überzeugung nach auch für die Sprache des Glaubens ...

3. Befiehl du deine Wege

Doch zurück zu Paul Gerhardt und seinen Liedern! Als letztes Beispiel wollen wir sein Meisterwerk *Befiehl du deine Wege* betrachten (EG 361) und darüber nachdenken, welches Gottesbild hier vermittelt wird. Das Thema Gottvertrauen, bereits eingangs als besonderes Kennzeichen von Paul Gerhardts Theologie bezeichnet, zieht sich wie ein roter Faden durch den gesamten Text. Auch wenn Gott hier nicht als »allmächtig« bezeichnet wird – Gottes Macht ist dem Liederdichter gewiss. Die Vorsilbe »all-« gehört m. E. eher zu anderen Propria Gottes, und dort hat sie auch in einer Theologie nach Auschwitz ihr gutes Recht: Gott ist allgütig und allwissend. In der poetischen Sprache Paul Gerhardts klingt das so:

Der Wolken, Luft und Winden gibt Wege, Lauf und Bahn,
der wird auch Wege finden,
da dein Fuß gehen kann. (Str. 1, Z. 5–8)

Aus diesem Gottesbild, das Gottes Vorsehung sowohl in der Natur als auch im menschlichen Leben walten lässt, ergibt sich für gläubige Menschen unmittelbar die Einladung zum Vertrauen:

Dem Herren musst du trauen, wenn dir's soll wohlergehn;
auf sein Werk musst du schauen,
wenn dein Werk soll bestehn. (Str. 2, Z. 1-4)

Freilich weiß Paul Gerhardt und hat es selbst erfahren, dass dieses Vertrauen oft genug herausgefordert ist; Gott *wird zwar eine Weile mit seinem Trost verziehn* ... hat er in der 9. Strophe formuliert. Aber eben nur für *eine Weile* - die Spannung zwischen Bekenntnis und Erfahrung wird hier durch die Dimension der Zeit aufgelöst: Im Rückblick wird Gottes Führung gewiss erkennbar. Nicht unbedingt im Hier und Jetzt, aber auch nicht erst nach Jahrtausenden, sondern so, dass ein Mensch am Ende seines eigenen Lebens erkennen kann: Gott hat es immer gut mit mir gemeint, mag es auch zunächst anders ausgesehen haben. Daraus ergibt sich die Forderung der *Treue* (vgl. Strophe 10) und die Verheißung der endlichen Belohnung und der ewigen Seligkeit: ... *so gehen unsre Wege gewiss zum Himmel ein* - die abschließenden Worte in Strophe 12.

4. Lob und Kritik

Noch ein weiteres Kennzeichen in der Theologie Paul Gerhardts möchte ich benennen, womit er meines Erachtens zukunftsweisend ist: Heilsgewissheit. Einen Dualismus von Himmel und Hölle sucht man in seinen Liedern vergebens, und er kommt ganz ohne die Angst vor ewiger Strafe aus. Das ist für uns Christen im 21. Jahrhundert (jedenfalls in den großen Volkskirchen) nicht ungewöhnlich, aber zur Zeit von Paul Gerhardt waren die farbig ausgemalten Bilder von Himmel und Hölle, wie sie noch heute als Fresken an Kirchenwänden und im Tympanon von so manchem mittelalterlichen Kirchenportal zu sehen sind, durchaus real. Paul Gerhardt richtet sich mit seinen Liedern an die Gläubigen und nicht an die Ungläubigen; deshalb kann man aus seiner Theologie nicht direkt ein Argument für die Allversöhnung ableiten. Diese Lehre des Kirchenvaters

Origenes wurde von der Alten Kirche als Häresie verurteilt; und die lutherische Orthodoxie, von der Gerhardt geprägt war, hielt an den altkirchlichen Traditionen fest. Dennoch sind die Kirchenlieder von Paul Gerhardt m.E. ein wichtiger Hinweis darauf, dass wir auf die Androhung ewiger Strafen getrost verzichten können.

Nach so viel Lob für den Altmeister des evangelischen Kirchenlieds zu guter Letzt noch ein kritisches, ein sehr kritisches Wort: Es gibt Texte von ihm, zumindest einzelne Strophen, die ich – so vertraut sie auch klingen mögen – gar nicht mehr singe, weil sie eine Theologie zum Ausdruck bringen, die ich nicht teile, die für mich nicht glaub-würdig ist. Den wichtigsten Kritikpunkt möchte ich benennen; hier geht es theologisch ans Eingemachte: Die traditionelle Sühnopfer-Theologie, wie sie wohl am deutlichsten im Passionslied *O Haupt voll Blut und Wunden* zum Ausdruck kommt, ist m.E. obsolet und sollte besserer Erkenntnis weichen. Das hat nichts speziell mit Paul Gerhardt zu tun. Was er hier zum Ausdruck bringt, ist nichts anderes als christliches Glaubensgut im Allgemeinen und lutherische Frömmigkeit im Besonderen. Auch steht die Sühnopfertheologie bei ihm nicht besonders im Mittelpunkt; anderen Themen kommt dieses Gewicht zu, wie wir bereits gesehen haben: Gottvertrauen, Jenseitshoffnung und Diesseitsbejahung. Außerdem gilt die Sühnopfer-Theologie bis heute als orthodox und insofern ist Kritik daran ein gewagtes Unterfangen. Trotzdem will ich meine Vorbehalte dagegen nicht verschweigen. Im Lied *O Haupt voll Blut und Wunden* (EG 85) lautet Strophe 4:

> *Nun, was du, Herr, erduldet, / ist alles meine Last;*
> *ich hab es selbst verschuldet, / was du getragen hast.*
> *Schau her, hier steh ich Armer, / der Zorn verdienet hat.*
> *Gib mir, o mein Erbarmer, / den Anblick deiner Gnad.*

Ich glaube nicht (mehr), dass meine eigene Schuld (die keinesfalls verleugnet werden soll) die Ursache für das Leiden Jesu am Kreuz ist. Und auch nicht, dass meine Schuld solcher Art ist, dass sie als gerechte Strafe den *Zorn* Gottes verdient hätte, gar in Form einer Todesstrafe am Kreuz. Vielmehr glaube ich, dass überhaupt niemandem eine solche Qual angetan werden darf und dass Gott keine Freude hat am Leiden des Gerechten (im Widerspruch zu Jes 53, 10). Sowieso glaube ich nicht, dass überhaupt ein Mensch für einen anderen stellvertretend Schuld oder auch Strafe tragen kann. Es gibt Dinge, wo wir uns schlechthin gegenseitig nicht vertreten können, und die Übernahme von Verantwortung für die eigene Schuld gehört auf alle Fälle dazu – auch wenn der Sühnopfergedanke auf einer früheren Stufe der religiösen Entwicklung zentral war und über Jahrtausende hinweg zum Erbe der Menschheit gehört hat. Deshalb möchte ich diese Strophe von *O Haupt voll Blut und Wunden* nicht singen.

Um versöhnlich zu schließen: Es wird viel Schönes und Wichtiges in diesem Lied gesagt, was auch heute noch wegweisend ist. Etwa das Leid des Mitmenschen zu sehen, es aufmerksam zu benennen und Mitgefühl zu haben, wie es so eindrucksvoll in den Strophen 1 bis 3 geschieht. Und nicht zuletzt die Solidarität mit den Opfern: Wenn Paul Gerhardt in Strophe 6 bekennt: *Ich will hier bei dir stehen*, so erinnert dies an das bekannte Gedicht *Christen und Heiden* von Dietrich Bonhoeffer, worin dieser eine zeitgenössische Spiritualität in die Worte fasst:

Menschen gehen zu Gott in Seiner Not,
finden ihn arm, geschmäht, ohne Obdach und Brot,
sehn ihn verschlungen von Sünde, Schwachheit und Tod,
Christen stehen bei Gott in Seinen Leiden.[10]

---

[10] Dietrich Bonhoeffer, Widerstand und Ergebung. Briefe und Aufzeichnungen aus der Haft, hg. v. Christian Gremmels/Eberhardt und Reante Bethge (Dietrich Bonhoeffer Werke, Bd. 8), Gütersloh 2015 [Erstveröffentlichung 1951], 515. Vgl. die Liedfassung im Regionalteil des EG Württemberg Nr. 547.

Verzeichnis der Autorinnen und Autoren

Beate Besser (Jg. 1963), Landeskirchenmusikdirektorin der Ev.-Luth. Kirche in Oldenburg; viele Jahre Lehrbeauftragte für Hymnologie, Co-Vorsitzende des Liedauswahl-Ausschusses in der Gesangbuchkommission, stv. Vorsitzende der Liturgischen Konferenz in der EKD, Mitglied der AÖL, Beiträge in der Liederkunde zum Evangelischen Gesangbuch.

Ansgar Franz (Jg. 1959), Professor für Liturgiewissenschaft und Homiletik an der Katholisch-Theologischen Fakultät der Johannes Gutenberg-Universität Mainz, Leiter der Forschungsstelle »Kirchenlied und Gesangbuch« und Mitherausgeber der Reihen »Pietas Liturgica. Interdisziplinäre Beiträge zur Liturgiewissenschaft« und »Mainzer Hymnologische Studien«.

Konrad Klek (Jg. 1960), Studium von Theologie (als Tübinger Stiftler) und Kirchenmusik (München), Promotion zum Dr. theol. 1996 (Hamburg); nach Tätigkeit als Bezirkskantor in Nürtingen am Neckar seit 1999 Professor für Kirchenmusik und Universitätsmusikdirektor an der Universität Erlangen-Nürnberg, seit 2015 Präsident der Paul-Gerhardt-Gesellschaft.

Dr. Jutta Koslowski (Jg. 1968), Studium von Theologie, Philosophie und Judaistik in München, Tübingen und Oxford; evangelische Pfarrerin der Evangelischen Kirche in Hessen und Nassau und Lehrbeauftragte für Ökumenische Theologie und Interreligiösen Dialog an der Pädagogischen Hochschule in Ludwigsburg; lebt mit ihrer Familie im Kloster Gnadenthal.

Bernhard Leube (Jg. 1954), nach Jahren als Musikrepetent am Evang. Stift in Tübingen und im Gemeindepfarramt von 1996 bis 2020 Pfarrer im Amt für Kirchenmusik der Evang. Landeskirche in Württemberg, zugleich Dozent für Hymnologie, Gemeindesingen, Liturgik und theologische Grundlagen an der Hochschule für Kirchenmusik in Tübingen; Mitherausgeber der Liederkunde zum EG; seit 2020 im Ruhestand in Eislingen.

Jonas Milde (Jg. 1991), Studium der Evang. Theologie; von 2019 bis 2023 Wissenschaftlicher Mitarbeiter des DFG-Projektes »Edition Johannes Bugenhagen. Reformatorische Schriften. Band. 2. 1525–1526«, zurzeit Promotionsstudent an der HU Berlin und Vikar der Ev.-luth. Landeskirche Hannovers an St. Wilhadi, Stade.

Christiane Schäfer (Jg. 1970), Studium der Deutschen Philologie, der Buchwissenschaften und der Volkskunde in Mainz, Promotion im Fach Neuere deutsche Literaturgeschichte mit einer Arbeit zu »Wunderschön prächtige – Geschichte eines Marienliedes« (Tübingen: Francke 2006); seit 2010 wissenschaftliche Mitarbeiterin an der Forschungsstelle »Kirchenlied und Gesangbuch« der Johannes Gutenberg-Universität Mainz; Mitherausgeberin der Reihe »Mainzer Hymnologische Studien«.

Bernhard Schmidt (Jg. 1962), Pfarrer Dr. theol., Vorsitzender der Kollegialen Leitung des Kirchenkreises Falkensee; langjähriger Mitherausgeber der Liederkunde zum Evangelischen Gesangbuch, zahlreiche Veröffentlichungen im Bereich Hymnologie, Liturgik und Kirchengeschichte.